范例
100

做个新媒体达人

新媒体写作范例 100 篇

罗德宏　齐晓君　葛松莹 编著

中国言实出版社

图书在版编目(CIP)数据

做个新媒体达人 : 新媒体写作范例 100 篇 / 罗德宏，
齐晓君，葛松莹编著 . -- 北京 : 中国言实出版社，
2023.12

("范例 100"丛书)

ISBN 978-7-5171-4703-9

Ⅰ . ①做… Ⅱ . ①罗… ②齐… ③葛… Ⅲ . ①新闻写
作 Ⅳ . ① G212.2

中国国家版本馆 CIP 数据核字（2023）第 250373 号

做个新媒体达人——新媒体写作范例100篇

责任编辑：王战星
责任校对：郭江妮

出版发行：中国言实出版社
    地 址：北京市朝阳区北苑路180号加利大厦5号楼105室
    邮 编：100101
    编辑部：北京市海淀区花园路6号院B座6层
    邮 编：100088
    电 话：010-64924853（总编室） 010-64924716（发行部）
    网 址：www.zgyscbs.cn 电子邮箱：zgyscbs@263.net

经 销：新华书店
印 刷：徐州绪权印刷有限公司
版 次：2024年1月第1版 2024年1月第1次印刷
规 格：880毫米×1230毫米 1/32 9.75印张
字 数：200千字

定 价：58.00元
书 号：ISBN 978-7-5171-4703-9

前　言

伴随以移动互联为代表的数字技术的迅速发展，步入数字化时代的表达方式和传播方式正迎来全新的变革，基于移动互联媒介、个性化、互动性、裂变式、立体化的传播方式成为新媒体的主流。

在一个人人都有麦克风、受众日益主体化、传播多介质的新媒体空间，人们似乎在众声喧嚣的传播场景中有些手足无措，但拨开喧嚣的云雾，您能看到人人发声、介质多元的背后草蛇灰线的传播逻辑，比如平台传播规则、新媒体文案写作技巧……

虽然传统媒体时代"内容为王"的提法今天看似稍显夸张，但在发声门槛几乎为零的新媒体时代，选题策划、内容创作、后期打磨等关键环节，"内容为王"不仅没有丝毫落伍之意，而且是创作"爆文"的不二法门。

如何通过策划和创作产生符合新媒体特点的好文或爆文，和用户形成深度的互动和共鸣，引发更多用户点赞、收藏和转发？这是本书试图回答的核心问题。本书梳理了最近几年新媒体端表现抢眼的多个案例，涵盖文章、短视频、H5、直播等多个范例，最终筛选出导向传播广泛、文案出色的诸多案例，并对每个案例逐一进行分析解读。

值得关注的是，围绕新媒体文案写作，我们总结梳理了 10 种写作方法，包括代入感、情绪性、时效性、好奇性、故事力、痛点类、趣味性、反差性、新知类、独家视角，每种方法都附上 8—10 个案例进行补充说明，有理念有案例，有概念有策略，对于关注新媒体写作的读者来说，这本书可以作为个人职场写作或业务创作的案头书。

本书的另两位作者，都是资深的媒体从业者，拥有相当丰富的媒体工作经验并取得过突出的成绩，在国家级媒体或京城都市媒体及专业媒体都担任过记者、编辑，深耕新媒体行业多年，其作品获得过中国新闻奖、北京新闻奖等荣誉，曾为多场新媒体培训课程及讲座担任过讲师。

期待这本《做个新媒体达人——新媒体写作范例 100 篇》能给对新媒体写作感兴趣的各位读者带来帮助，助力大家在新媒体写作中实现更精准、更有创意、更具影响力的传播。在此特别向书中所摘引的各案例的作者致敬。读者在查看本书案例时可通过相关链接或二维码查看案例全文，从而对本书中所提到的各类方法拥有更为全面的体悟。

新媒体创作日新月异，具有较强的时效性，加上编者眼光所限，所筛选的案例仍需进一步完善更新，不妥之处还请大家多多指正。伴随新媒体的不断发展，优秀的新案例会不断涌现，未来我们也会对案例进行更新迭代。

罗德宏

2023 年 12 月

目录

"代入感式"文案

"情绪性式"文案

"时效性式"文案

"好奇性式"文案

"故事力式"文案

"反差性式"文案

"新知类式"文案

"独家视角式"文案

"代入感式" 文案

新媒体写作通常需要创作者具有深度的用户思维，运营自媒体需要瞄准特定的受众群体。了解我们所在的平台和账号面对的受众，站稳受众立场，作品往往更容易被受众接受和喜爱。尤其是创作自媒体内容时，很多创作者会直接代入相关人物的视角和语气，选择受众关心的选题，说受众想说的话，表达受众的意见诉求。例如，在探讨适老化话题时，把自己想象成不懂数字科技产品，寸步难行的老人；在讨论上学难问题时，把自己代入成一位为了孩子分区划片摇号上学而焦头烂额的宝爸或宝妈，等等。代入感强的内容有利于拉近创作者与读者的心理距离，唤起情感共鸣。

范例【文章】："学渣"儿子，妈妈相信你是来报恩的

来源：凡小西

时间：2018 年 11 月

网址/二维码：https://mp.weixin.qq.com/s/Btcmvln49kdbWq6-x3RQRA

【原文节选】

曾经很久一段时间，我也这样认为，看到不争气的儿子，就想起这句话：学霸都是来报恩的，学渣都是来报仇的。

可是现在，我不这样认为了。

这学期刚开学，班上投票选干部，班主任对我说："你儿子真棒，今天，他勇敢地上台竞选体育委员，而且全班有 38 个孩子选了他。当时有四个同学竞争，其他几个落选的都是前十名的学霸。"

班主任还说："这个选票结果，我是没想到的。我当时问了全班同学，为什么要选他，同学们七嘴八舌，有的说他乐于助人，有的说他开朗活泼，有的说他很讲义气，谁遇到困难，他是第一个站出来帮忙的……"

听着班主任的话，我突然很感动也很骄傲。

是的，我的儿子学习成绩并不突出，几乎每次考试都甩尾巴。可是，他却能安于做好自己，自爱且爱他人，自尊且尊重他人，以一颗包容开朗的心，去对待他周围的人们，这难道不是比学习成绩更宝贵的财富吗？

我们总是习惯用唯一的标准——学习，来衡量一个孩子的好与坏。这是不对的。孩子是一朵慢慢开放的花，怎能如此单一地去评价？

我们不应该鄙视平凡，相反应该欣然接纳平凡。

……

【案例分析】

案例文章以第一人称叙述，未设置小标题分段，文字清新晓畅，情节舒缓，娓娓道来，一气呵成。文章收获极高的阅读量，得到超过 7300 个点赞和数百"在看"。现今社会里，父母普遍存在不同程度的攀比和焦虑，一篇妈妈口吻的小文，恰好具有消解负面情绪的奇妙价值。

文章结构简单，没有什么悬念反转，也没有激烈的冲突，但妈妈的心理变化非常流畅。一开始，作者的情感是压抑的、负面的，因为高学历父母优生优育的宝贝儿子，竟深负期望，是个不折不扣的"学渣"。妈妈倾注大量精力辅导学习，可与学霸一对比，儿子的成绩和学习能力依然相形见绌。妈妈不免焦虑失望，被迫接受孩子资质一般的事实。后来，妈妈回想儿子听话、认真的态度，心态逐渐平和，放弃焦虑和攀比，重新思考学习的价值和意义。试图寻找儿子身上的优点，来弥补学习成绩上的不足。再后来，满口褒奖的班主任向妈妈列数儿子的优异表现，终于让妈妈彻底释怀，悦纳了儿子的平凡，更发现了儿子的优秀，由衷自豪，由衷期望儿子有美好的未来。妈妈的情绪一步步上扬，在积极情绪的最高点阐释对"平凡"的理解，与儿子、与自己、与现实实现和解。

以第一人称视角讲述单个故事的文章，在本书中案例选篇中为数不多。情感类文案的创作中，第一人称尤其便于细腻情感的抒发。在打动读者方面，文章的叙述视角和观点同样重要。

范例【文章】：月薪3万，撑不起一个孩子的暑假？

来源：腾讯成长守护

时间：2018年8月

网址/二维码：https://mp.weixin.qq.com/s/g5dB5BFfzh3wKJg
ijZ7PeQ

【原文节选】

为孩子的教育投资，本无可厚非

但对大多数普通家庭而言

远远超出自己能力范围

供养一个孩子暑假的

"烧钱式教育"真的可取吗？

这其中有多少是花的冤枉钱？

孩子感恩了吗？得到预期的效果了吗？

在"砸锅卖铁也要让孩子赢在起跑线上"

教育思想大潮的影响下

许多家长都忽视了

这样一些误区和盲区！

先说说暑假开支的最大头——近年来最火爆的海外游学团。

以最常见的美国14天游学团为例，费用一般在3万—4万元，类似出国游旅行产品在2万—3万元。一贴上"游学"的标签，价格瞬间暴涨1万—2万元，区别就在于安排了一系列名校交流考察、名校英语课堂、留学生活体验、留学背景提升、海外文化探索等听起来"高大上"的项目。

市场上当然有一些在海外拥有优质教育资源的高质量游学团，但在劣币驱逐良币的市场乱象下，游学渐渐变成了游而不学、重游少学、游学变购物，越来越多的坑开始浮现。

听起来"高大上"的"名校交流考察"，可能就是名校一日游，而他们不会告诉家长的是：斯坦福大学没有围墙和大门，哈佛大学是可以自由进出的，很多美国高校还可以通过官网预约免费志愿者讲解……

……

【案例解析】

我们经常能遇到一类专门提醒误区、传授经验，教人"怎么做"的文章，内容有信息含量也有工具属性，本篇案例文章就有这种属性，告诉读者错在哪儿，道理是什么，建议怎么做。文章讨论的话题是父母应该如何避免焦虑心态和无效的"烧钱式教育"。文章开头先砸来了连续两年暑假的烧钱奇文：《月薪3万，撑不起一个孩子的暑假》《花费半年工资，杭州妈妈给孩子报了11个暑期培训班》，加上热播剧《我的前半生》里的教育支出情节，将读者代入家长们的视角，展现了疯狂报班的情境。正文提醒读者，不少烧钱的家长其实在误区中打转：在高价游学团领域，由于信息差而走入消费误区，应谨慎挑选游学机构，注意资质和合同正规性。培训班领域，家长因为缺乏对教育常识的了解而陷入高消费误区，因此选择培训班应该重兴趣，补短板，制定长期规划。心态不健康才是教育焦虑、盲目消费的根源。应接受孩子的普通平凡，不转嫁梦想，专注孩子的终身幸福和能力培养，教育投资量力而行。案例文章的解决办法归根结底还是从家长心态着手，帮助家长消解育儿压力下滋生的负面情绪。

范例【文章】：网络暴力到底有多可怕！

来源：好奇博士

时间：2020年5月

网址/二维码：https://mp.weixin.qq.com/s/lSDv75GfDB1Zwj sbQJ7k2g

【原文节选】

大家好，我是一名正义的使者，键盘是我的武器，每天我都用它在网上行侠仗义。

网上一切让我看不惯的行为，杀人放火、离婚、出轨都在我的业务范围内。

……

这个到处侮辱诽谤他人的所谓正义之士，就是我们常说的网络喷子，也就是网络暴力的施暴者。

对他们而言，骂人不用讲丝毫逻辑。

那么到底为什么会出现网络喷子呢？最简单直接的原因就是网络匿名性。

喷子之所以敢在网上肆意喷人，是因为他们心里有数，别人不可能知道他是谁。

那么问题来了，喷子们到底为了啥要在网上喷人呢？

作为一个资深的"喷学家"，根据喷人的原因，我把喷子分成三类：

发泄型、无脑型、经济型。

首先说说发泄型。

这类喷子喷人的理由很单纯，就是来找个地方发泄的，

或许是考试没考好，

或许是工作时被领导骂了，

一肚子火无处释放了，

他们上网喷人就成了性价比最高的泻火方式。

曾经一位心理学家说过，喷子喷人时的心理年龄大约就像一个一岁的婴儿，这时主导他们行为的不是理智而是情绪。

【案例解析】

文章代入一个遭受到网暴的博主身份，探讨网络暴力的社会现象。以亲历者身份和感受增加文章真实性、可读性。另外，本篇的表达方式也值得借鉴。

如果我们只是单纯的文字创作者，尝试漫画创作的经历或许能帮我们从全新的角度理解表达与传播的本质。本案例正是一篇漫画，主要有两个问题值得关注。一是相比于常规文章写作，这篇漫画类文案在创作上有什么特征，要注意什么？二是如何让漫画也能体现出如文章一般清晰的结构层次，方便读者理解，让漫画成为亮点而不是内容传播的障碍？

首先，案例中给漫画搭配的文案都是简洁的小短句，语义直白，对修饰词的使用很节制，即便不得不用到长句、复杂句，也都按照语法语义做出适当的断行处理。不论是举例说理还是反驳，都直来直去，惜字如金。其次，句子虽简短，结构却完整。

漫画第一步解释什么是"网络喷子""网络暴力"。第二步指明"网络喷子"存在的主要原因——网络匿名性。第三步给喷子分类：发泄型、无脑型、经济型，依次揭露喷子行为的心理成因、能力缺陷和产业链条。第四步提示如何避免无意间成为"网络喷子"，以及遭遇网络暴力的应对策略。可见，虽然形式上是漫画，但文案创作的底层逻辑相通，甚至对文案结构的把握要更清晰严格，因为文字在传播给读者之前，还要经过设计师的二次创作。设计师通常会运用气泡图文字框提示文字与图片的对应关系，形成模块，用元素与文字的大小、颜色、距离远近等视觉信息辅助内容的表达。所以，文案创作者应理清大标题、小标题，序号、段落、关键句、中心句、关键词等标识，方便设计师做出错落有致的视觉安排。以上工作的实现，需要文案与画师、设计师等创作者之间的密切配合，因此在文案脚本的构思阶段就要做好充分沟通，减少因交流不到位而造成的反复修改。毕竟，许多爆款新媒体作品都是协作创造的奇迹。

范例【H5】：好在有你

来源：新华网

时间：2019 年 12 月

网址 / 二维码：

【案例展示】

睁眼，时钟显示，5 点 02 分。

凌晨的北京，真冷。

铭晗昨天又练琴到半夜，晚 10 分钟再叫她起床吧，缩在被窝里，再享受 10 分钟的温暖。

12 月 3 日，第 28 个"国际残疾人日"。今年残疾人日的主题是"提高残疾人的参与度和领导力"，这不正是我和女儿铭晗一直的追求吗？

铭晗就读的北京市盲人学校有活动，我想去参加。

想到这儿，我立马起了床。

13 年前，铭晗出生 3 个月的时候，被检出眼睛先天性黄斑缺

损，双眼的视力仅有 0.02。我不愿意相信，这孩子连妈妈的样子都没见过，就被剥夺了看世界的权利，一定是什么地方搞错了！

我带着铭晗，从济南到天津，从北京到上海，几乎跑遍了眼科、儿科领域所有的大医院，得到的是同样的答复："先天性黄斑缺损，临床较少见，目前没有治愈的方法。"

一张张诊断书，一点一点磨灭掉了我对自己孕育的这个小生命所有的憧憬。

铭晗连爸爸妈妈都看不清楚，以后怎么生活？

身为母亲的我，能保护她多久？

很长一段时间，我都被担忧、焦虑、自责的情绪淹没，甚至有带着孩子一起解脱的冲动。

······

【案例解析】

该案例是图文展示类的公益 H5 作品。在策划上，作品通过讲述妈妈陪伴视觉障碍女儿艰难融入社会，茁壮成长的故事，图文声像影综合运用，生动展示新中国成立 70 年以来残疾人事业发展历程，并宣传介绍了由大学生志愿者发起的保障残疾人社会发展权利的"光明影院"无障碍电影项目，是新媒体融合创新策划的优秀范本。

该案例的文案十分接近传统文章形式，正文分成"0.02 的世界""爬行的力量""黑白间的光明""每个人的光明"四个小标题，以视障儿童的母亲的第一视角，按照时间顺序讲述了女儿在融入社会过程中的艰辛。在内容层次上，作品始终以人物故事为主线，将我国残疾人教育、中国残疾人事业 70 年大事记等宏观梳理并做折叠处理，用户需通过滑动交互获取相关信息，保证了正文的顺畅与完整。

在设计上，采用浅色纯色背景，小标题纵向排版，形成视觉分割，穿插其中的视频封面图也做了素面画处理，保持了画面的整体视觉感官一致性。交互设计方面，案例嵌入了多种交互手段，综合了文字、图片、视频、音频等多种元素。文章中小游戏的设计与内容高度相关，弱视汉字识别、读谱弹键及"点亮光明"个性海报等互动增强用户体验，强化理性化情绪传播。

H5报道由新华网新媒体矩阵多平台分发，通过大小屏联动激起强烈反响，引发海量转发。新华网总传播量超过1153万，通过个性化海报生成方式参与互动用户量达234万余人次。作品还被人民网、腾讯新闻等新闻门户网站、众多社交平台转载，引发广泛的社会关注，该作品获第三十届中国新闻奖二等奖。

范例【慢直播】：火神山、雷神山医院建设慢直播

来源：央视频 APP

时间：2020 年 1 月 26 日

网址：https://m.yangshipin.cn/static/2020/c0126.html

【案例简介】

2020 年 1 月 23 日，为紧急应对新冠疫情，武汉市政府决定建立火神山、雷神山两家医院。央视频迅速反应，于 3 天之后的 1 月 26 日，全网独家上线第一路"火神山医院建设慢直播"；1 月 27 日上线"雷神山医院建设慢直播"。"两神山"慢直播通过固定镜头，24 小时不间断直播两所医院的施工过程，没有主持人，没有解说，只有轰鸣的现场声，镜头里 4000 余名工人、近千台各类大型机械设备及运输车辆在 24 小时轮班作业，争分夺秒加紧推进医院建设。在"雷神山医院建设慢直播"上线的当日深夜，在线观众达到了 80 万人之多。开通直播不到三天时间，累计访问量已超过两亿人次。面对嘈杂、忙碌的医院建设现场，众多网友在线当起"云监工"，还给现场的各种设备、车辆甚至树木都取了可爱的名字，如"摄政王——监控整个工地的摄像头、光武帝——场地中间的超级大灯、光绪帝——夜班时有两个

超级大灯、送高宗——高层混凝土输送车……"还有"小蓝""大白""叉酱"喊得格外亲切。在网友的火热助攻下，央视频顺势上线应援打 call 的互动板块，很多车辆都有自己专属的粉丝，"云监工"也成了当年网络十大热词之一。

【案例解析】

慢直播的形式让新闻报道从"及时"到"实时"

传统的新闻报道方式，由主持人、编辑等主体参与解说或精心制作编排，在时间上只能争取"尽快"，而慢直播则能打破原有的新闻生产方式，以独有的"原生态"阐述力，不加任何剪辑和配音，实时传递新闻现场信息，公开、透明、全程记录医院建设进展。通过慢直播，公众可以亲身观察到政府和各界力量在抗击疫情中的积极行动，从而增强对国家的信心和支持。"两神山"慢直播也被国外多家媒体选用，极好地展现了中国公开透明、负责任大国的形象；仅用 10 天时间，万众瞩目的火神山医院从一片荒地上拔地而起，也极大地展现了中国人民团结一致加紧推进医院建设、攻坚克难的中国速度和大国实力。

链接情感，"陪伴式"慢直播安抚不安情绪

"两神山"医院建设慢直播，最大魅力在于能让用户参与、见证新闻事件的发展进程。一方面，通过慢直播，全民在线"云监工"，能有效提升医院建设交付使用的效率和质量；另一方面，留言、互动打 call 等功能区里传递着网民对于武汉疫情的深切关注。在疫情暴发的阴霾笼罩之下，全体居家隔离使得很多人处于恐慌、焦躁等负面情绪之中，而在"两神山"医院建设越来越完善的慢直播陪伴下，民众的心理压力在逐步释放，寄托着对于"疫情向好"的期待。有网友说，"总要过来看一看，每次点进去，

就仿佛看到希望","这不是监督，这是一种激励，它激励着大家跟时间赛跑，尽早阻断病毒的传播，让更多患者尽快康复。"

用户思维，迅速反应互动功能出圈

蓝色挖掘机叫"小蓝"或者"蓝忘机"，混凝土搅拌车叫"沤泥酱"，黄色挖掘机叫"小黄"，摄像头叫"摄政王"，一开始自称"网络监工头"的网友们只在评论区里留言、起名"狂欢"，央视频的敏感细胞迅速察觉，很快增加了"助力打榜"功能，还在微博设置多个话题实施有效互动，极大地提升了用户黏性及活跃度。用户纷纷拉人给自己喜欢的工程车投票，还有不少人给各种工作车辆组 CP。此外，央视频为满足用户好奇心，还对"叉酱""蓝忘机"的驾驶员进行采访报道，这些注重用户思维的行为一改传统主流媒体严肃形象，充满人情味的策划，促进了官方舆论场与民间舆论场之间的友好互动。

范例【视频】：我不想做这样的人

来源：bilibili

时间：2021 年 5 月 3 日

网址：https://www.Bilibili.com/video/av672756810/

【案例简介】

2021 年五四青年节前夕，哔哩哔哩联合学习强国、光明日报、中国青年报、环球时报、澎湃新闻、新京报、观察者网共同发布了一则《我不想成为这样的人》的演讲视频，视频中就"我不想做这样的人"这一演讲观点收集了全国 26 所学校的 955 位初中生同学的观点。短短两分半的视频，在 B 站播放量达 988 万，收获了 28.7 万赞。在 2 万多评论中，广大网友各抒己见，为新时代的少年点赞加油。

视频片头是一张张手写着"我不想成为×××的人"的文稿，略带稚气的笔迹，工整认真地表明自己的观点，表达自己态度。视频主体是在闪烁着蓝色星光起伏波动的大屏幕前，一男一女两名初中生站在舞台中央，面对镜头，认真而又勇敢地演讲。两名学生代表了全国近千名同学，以"我不想做这样的人"为题，先后从不想做"拿着锯子的人""浑身带刺的人""流水线上制造出来的人""隐身的人""油腻的人"等观点进行表达，说出自己的想法与思考。

部分文案节选："我不想做一个，流水线上制造出来的人，没有独立的人格，只有预定的人设；没有闪光的才华，只有抛光的流量；没有精彩的作品，只有热闹的八卦。""当我变成父母、师长、前辈的时候，希望，我的孩子会对我说，我想成为你这样的人。"

【案例解析】

少年视角，更为鲜活与昂扬

两名初中生短短 2 分半的演讲，不仅代表了他们自己，更代表了全国近千名青少年，通过一个个不想成为怎样的人话题延伸，以青少年视角思考社会现象，略带稚嫩中更显真诚与勇敢，如初生牛犊不畏虎一般。世界正在不断创新与改变中发展前行，或许青春少年们还没有谋划好未来，而这爱憎分明、"三观"清晰的演讲，却是最真诚而又热烈的吾辈自强的青春宣言，让人深感其鲜活与昂扬。

《后浪》之后，真诚而又热烈

与 2020 年五四青年节推出主题视频《后浪》相比，《我不想做这样的人》由后浪们自己接过麦克风直抒胸臆，既是新时代下新青年们对整个社会的新思考，又是对父母、师长、前辈提出问题的正面回答。少年对自己有这样那样的期许，更有对这个世界未来的无限展望，这份勇往直前的坚定与担当，是如此的真诚和热烈。新时代年轻一代的心里话，更激励着广大网友受众，尤其对那些心怀"佩剑尚未妥、归来仍少年"信念的成年人而言，回望青春，对比曾经年少时的自己，便又激发出对于人生价值的重新思考，迸发出一代肩负着一代使命与担当的回响。

自信回答，兼具锋芒与探讨

"不想做一个拿着锯子的人"，是对思维片面、做事偏执的反思；"不想做一个浑身带刺的人"，是对满载负能量而苛求他人的思考；"不想做一个流水线上制造出来的人"，则是对独立人格和自立自强的向往……这些不想成为的形象，对应着流量时代一个个社会现象，少年们已经把握住"三观"基准，以赤子之心展现出的锋芒剖开现实话题的表象，在感染受众责任感的同时，引发推动社会发展的探讨。

范例【视频】：我就想第一个接受采访

来源：重庆日报

时间：2021年6月7日

网址: https://image.cqrb.cn/d/file/news/video/uploadVideo/949ed01d-211f-cc4f-a57d-fd48f2d48591.mp4

【案例简介】

重庆日报微博于2021年6月7日发布了一条名为《我就想第一个接受采访》的短视频，浏览量达到663万余人次，留言上千条。同时，有近百家网络媒体纷纷转发，多个省（市）级电视台对该短视频现场新闻进行引用、播放和评论，各大央媒公众号对其进行转发、评论、点赞。

视频内容是在2021年6月7日重庆一中的高考考场外，第一科语文科目考试结束后，一名女生气喘吁吁地第一个跑出考场，对守候在校门口的记者们笑称自己"就想第一个接受采访""很怕前面那个大哥跑得比我快"，现场的记者和家长们随之开心地笑。记者询问了女生考试内容和答题状态，女生一边平复呼吸、一边回答记者的问题，"我好牛""我叫雷锋"等金句频出，原本紧张的现场气氛被她的幽默与阳光一同带动着充满了欢笑。短视频新闻一经发布，不仅被大量转发，同时广大网友们纷纷留言称赞，并送上祝福和肯定。截至2021年6月9日，微博上的访问量达8049.1万余人次，全网总访问量过亿人次。

【案例解析】

"快""准""新"，尽显融媒体时代特色

高考历来是社会热门话题，每年都会有许多新闻热点的出现，而短视频新闻具备"快""准""新"的特点，短短一两分钟的视频，搭配精练的标题与人物的核心话语，再辅之以符合气氛场合的背景音乐，在实现迅速传播的同时，点燃社会热点话题，符合受众需求，凸显主流媒体的导向作用。

"我好牛"，展现新时代青年的自信

短视频中作为第一个出考场的考生，女生飞奔出校，面对镜头自信可爱，回答问题幽默风趣，不仅感染了现场的记者和家长们，也影响了广大网友。他们纷纷在评论区夸赞并祝福，还有很多网友分享自己高考时的趣事和表现，引发了彼此的回忆与广泛的讨论。近几年高考考场外的阳光案例越来越多，其背后是新时代的青年们自信自强的青春风采、昂扬乐观的群体特征。

反焦虑，焦点话题新角度的切入

面对高考、教育等话题，家庭、学校、社会都密切关注，尤其是在全面提出"双减"政策的2021年，对教育的思考、重新审视以及对高考的焦虑等多种情绪混杂一起。这则短视频新闻的火爆，正体现出大家对教育的关注度与联系的紧密性，而作为受教育者、被关注者本身，学生们的表现更为重要，也更为直接。面对镜头阳光坦然，一方面是其自身的自信，另一方

面在评论区也出现了包容和理解的声音。对于孩子教育的关注从未停歇，社会以及家庭的包容性与人文关怀也逐渐增长，相信在各方的努力和关怀下，孩子们的教育与成长也会越发全面，健康茁壮。

范例【说唱歌曲】：燎原

来源：解放日报·上观新闻

时间：2021 年 6 月 17 日

网址：https://web.shobserver.com/wx/detail.do?id=379079

【案例简介】

为庆祝中国共产党成立 100 周年，解放日报·上观新闻于 2021 年 6 月 17 日推出了"百年之诗"融媒体策划，从十首诗歌中选取片段，创作说唱歌曲《燎原》。微博发出后，点击数量很快突破百万。歌曲以《国际歌》为主旋律，穿插着手绘动画、史实照片、祖国风光等画面，歌词中串联了十首诗，其中包含李大钊、蔡和森、瞿秋白、叶挺等革命先辈的诗作，以及赵瑞蕻《十月欢歌》、邵燕祥《到远方去》、公刘《上海夜歌》、曹汉俊《中国，站在高高的脚手架上》、严阵《中国梦》等新中国成立后的诗人和诗作。

本次策划由解放日报·上观新闻联合"学习强国"上海学习平台、微博共同主办。多家网络媒体、音乐媒体联合发起线上活动，开展线上读诗、朗读诗篇等互动活动，与此同时，上海全市 1300 多块的公交站点大屏资源，滚动播放《百年之诗》精华内容与主题海报。

【案例解析】

融媒体策划，风格内容不拘一格

本次融媒体策划活动，不仅题材和方式新颖，而且通过对革命诗作的再次创作，既串联起了革命发展的脉络，传承有序，又回温了峥嵘岁月，对比有新，而且充满朝气与活力。歌曲MV中，以手绘动画、《国际歌》以及十首诗作串联歌词等形式，展现了新时代新青年对红色历史的理解与抒发。年轻人特有的青春活力、快节奏风格，更具感染力与亲和力。

串联旧诗作，红色教育时尚新潮

年轻人对于革命先烈与志士的印象，更多地局限于影视文学作品。这次融媒体策划中对于他们的诗作引用和再创作，不仅仅是引用革命先驱、革命志士以及新中国成立后诗人的作品其内容本身，说唱的形式是其精华展现，而引申出来的原作阅读，能够使广大受众直接阅读他们的作品，是另一种意义上与他们的交流，增加对革命先辈的直接了解，激发对时代发展的新认识、新感悟，使本次活动的宣传效果和传递作用倍增。以说唱的方式演绎经典作品，以青春面貌追忆峥嵘岁月，这是新时代对革命时代美好向往的回应，也是年轻人对革命先辈奋斗终身的回答。

重温经典，线上线下互动《燎原》

本次策划联合了多家网络媒体与音乐媒体进行互动，不仅是线上的《燎原》，还邀请了多位明星重读革命诗作。《国际歌》、革命诗作，都带有其红色属性与背景符号，其原作更代表了创作背后下的历史背景与创作者自身经历的一个个革命故事，都已经超出了《燎原》内容本身。广大网友的纷纷响应，各式活动的火爆高涨，主题教育、红色教育的热度与参与度亦如燎原之势。

范例【微电影】：在场

来源：人民日报联合腾讯影业

时间：2021年6月30日

网址：https://video.weibo.com/show?fid=1034:465384833017
4558

【案例简介】

为庆祝中国共产党成立100周年，2021年人民日报推出微电影《在场》，视频上线67小时，全网总播放量超1.1亿，在各大社交及视频网站上持续刷屏，获得了众多网友的好评与感动。

这是一部由人民日报与腾讯公司联合出品的建党百年主题微电影，讲述了红军长征途中军需处长将棉衣让给战友，自己却因寒冷而牺牲的感人故事。电影开头是一位手持烟袋杆的老人在四合院里四处寻找棉衣，胡同里的摊铺的商贩、匆忙赶路的业务员、军装商店里的老板和顾客都各自忙碌，无人回应他。他行走在城市的街道上，看过繁华的都市高楼，最后倚在校园操场的树荫下望着五星红旗……这时画面闪回，红军们在风雪中集合，发现了树下握着烟袋杆、军装单薄、满脸风霜、已经故去的老人，通过对话交代了老人的身份——他是负责发棉衣的

军需处长。

【案例解析】

欲扬先抑，曲折中反转

电影的前半部分是老人在盛夏的现代胡同中到处寻找棉衣，这一线索自身就让人感觉疑惑。随着老人在不同场景中的串行，商贩、孩子、业务员、搬运工、商店老板、顾客等人的反应，都暗示了老人与他们的不同，尤其是镜子搬运时，老人站在镜子前却没有照出自己，让观众已经猜到老人不在这个季节、不在这个时空、不在这个场景的故事中。后半段画面到红军长征途中集合时，发现这名老人就是负责发放棉衣的军人，解答了前面所有的疑惑——他把他自己的棉衣给了其他战士，他还在为战友们寻找棉衣。剧情至此，对于很多年轻观众而言，已经发现了这个故事的出处来自人教版小学语文课本《丰碑》，引发了强烈的情感共鸣，多次被革命先辈的奋斗牺牲的精神所感动。

故事创新，于无声处听惊雷

电影的创作来源是《丰碑》，课文原本是将军在行军途中发现了衣着单薄的老战士的遗体，将军询问军需处长，最后有人回答"他就是军需处长"。影片没有完全采用课文中直叙的方式，而是通过两个时空的闪回衔接，让观众带着疑惑在画面推进中找到答案，同时前半段盛世中国发展的新面貌与后半段红军长征途中的艰难相对比，让观众在观看后为革命先辈的革命精神所感动的同时，不禁发出感叹，如网友留言所说："穿过百年时空，希望今天的中国是您期待的样子。"

重现经典，创新表达传递红色记忆

对于经典课文的创新演绎，不仅唤起了年轻观众的回忆，也

在新老观众之间串起了红色记忆的传承与感怀。革命先辈曾经艰苦奋斗、不畏牺牲的奉献，就是为了能够实现民族独立、人民解放和国家富强，对于亲历祖国繁荣发展的观众而言，作为奋斗成果的享受者，不仅不能忘记革命先辈的奋斗牺牲，还要怀着敬畏和感恩之情，学习和发扬拼搏奋斗的精神，奋发有为、不负韶华。

"情绪性式"文案

新媒体时代给了各种情绪表达的出口和展示的平台，情绪具有了新的特征。新媒体拉近了彼此的线上距离，拥有相同情绪的人更容易找到共鸣的群体；两极分化的情绪能在新媒体平台上找到争论交锋的公共空间；频繁、强烈的情感刺激提高了公众情绪反应起点，对相同内容的反应越来越麻木；某种情绪也会随着新媒体高强度的传播与交互而更具感染性。此外，情绪本身可以作为内容创作包含的主要信息被传播扩散。在新媒体文案写作中，快速抓住大部分人对某话题或事件的情绪态度，有助于找准内容的传播亮点。

范例【文章】：俞敏洪，我敬你是条汉子！

来源：脆皮先生

时间：2021 年 11 月

网址 / 二维码：https://mp.weixin.qq.com/s/gO1QIVLd2R_nO hUJ7qWY7A

【原文节选】

"双减"政策后，因为业务调整，新东方各地的学校退租了部分校区。

但遗留下的数以万计的崭新桌椅，没有机会再次使用。

于是俞敏洪和新东方各个城市的校长决定，把它们捐赠出去。

他们选择的是有需求的乡村学校。

这些课桌椅当时都是新东方为参加培训的孩子专门定制的。

有些可以根据孩子的身高调节高度，有些做了圆角的设计，避免孩子不小心磕到头。

按照现在的市场价，每套在六七百块钱。

在一些乡村学校，学生们的课桌使用多年，已经陈旧破损。

因为新东方崭新的课桌椅，教室马上变得宽敞与可爱起来。

一些学校，听说新东方运送课桌椅的车子要来，校门口一早就站满了等候的同学。

"他们知道，这些桌椅里，有自己的一套。"

迄今为止，捐赠还在继续。

用俞敏洪的话说，就是"不糟蹋"。

……

俞敏洪曾经说过一句话：

人的生活方式有两种。

第一种方式是像草一样活着：你吸收雨露阳光，但是长不大。

另一种是成为树的种子：即使你被踩到泥土中间，你依然能够吸收泥土的养分。当你长成参天大树以后，在遥远的地方，人们就能看到你。

别去嘲笑新东方的转型。

中国的教育，需要有情怀的人来作为。

"俞敏洪，我敬你是条汉子。

我祝你早日转型成功，东山再起。"

【案例解析】

这篇文章以《俞敏洪，我敬你是条汉子》这种颇具江湖气息的标题开头，以"我祝你早日转型成功，东山再起"的祝福为结尾。通篇内容具有非常强烈和鲜明的个人情感，这种风格适合个人属性明显的自媒体。

"双减"政策出台后，新东方等教培巨头处于舆论关注中心。受政策影响，新东方旗下的大量教培学校陆续退租关停。其中，不少学校将崭新的课桌椅无偿捐赠给有需要的乡村中小学，引发网络热议。作为一篇追新闻热点的文章，作者以此事切入，展开评价。文章的主题内容即围绕这一评价展开，列举了"双减"之后新东方的其他做法，如无条件退学费、结清员工工资等事例，与其他不负责任"跑路"的教培机构做对比，进一步证明俞敏洪的胸襟和气度。又回忆往事，提到非典疫情期间，新东方停课，俞敏洪一夜白头，奔走筹款2000多万元，退还学费，度过危机。此外，文章又列举了其个人考学经历以及新东方开放英语辅导课程、捐款、教师待遇高、媒体风评好等一系列事例，进一步说明"体面"是俞敏洪一贯的形象。其实，对于教培的价值和影响，以及对于俞敏洪个人的评价向来是多元化的。但作者选择了人物个人奋斗史、新东方往事、捐赠谢幕等若干故事，给"双减"时代的俞敏洪塑造起悲情的形象，让读者看到在时代巨变之下不变的是人物的体面、温度与情怀。想必这种英雄落幕般的处理，引起了相当一部分读者的共鸣，因此该文在当时的朋友圈广被分享。

范例【文章】:"90 后"的平安喜乐你不懂

来源:新世相

时间:2017 年 12 月

网址 / 二维码:https://mp.weixin.qq.com/s/6CntOmrBf-Vjlzz
SpZGToA

【原文节选】

最近,我频繁听到同事提起"佛系追星""佛系恋爱"这些词。"佛系"的大概意思是:"有也行,没有也行;不争不抢,不求输赢。"

作为一个中年人,实在不太能接受年轻人在我面前摆出一副看淡人世的样子。搞什么虚无?

直到有人在办公室放无聊的歌曲,我终于忍不住了。我需要他们给我解释清楚。

我找来一堆"90 后",请他们详细讲了讲自己的佛系生活方式。比如——

……

佛系乘客

手机叫车,系统定位到胡同口。碰上找不到路的司机打电话问,我通常都说:"您不方便掉头就算了;您就在那儿吧;您别动了，我动吧。”

下班回家司机不愿开进胡同，我就说：“行吧，我在这下儿吧。”

下车时，司机很惶恐：“能不能给我打个五星啊？后面的评价能选一下吗？”我都说：“行，没事，好。”

司机不要求，我很少主动评价，付款都是第二次叫车时才付。弹窗跳出来，习惯性打五星。有时候手快，评价完才想起来昨天那个司机态度很差，心想，算了算了。

有时司机问，走哪条路啊？我都让他选。有人每次出门都要看导航选出最短路线才心安。我不会。“生活里每件小事都得争个输赢”的感觉，太紧张了。

……

机场安检碰到大型排队，我都去视线范围内最近的队伍，不比较长短快慢（只要手机有电）。“我就知道刚刚该选右边第三排，比我这排快多了！”——这种焦虑我几乎没有。

以前也跟司机吵过架，但理论一番之后我并没有爽，反而觉得好费精力啊。

朋友说我这样是软弱、懒、逃避，啥啥的。我觉得是选择吧。它们对我来说不是原则问题，真的不想争辩。

【案例解析】

这篇案例文章轻松、有趣，能让人在松弛的状态下寻求到情绪上的抚慰。文章抓住“90后”这个群体，从“佛系”这个网络流行语入手，列举了“90后”普遍面临的若干问题，分析看似与世无争的行为其背后的原因和心态。在某个宽泛的大主题之下分列若干小话题，形成形形色色人物的故事、观点集锦，这种新媒体组稿方式十分常见。同样是主体为平行结构的集锦，为什么有些文章能达成 10 万 +、100 万 + 的传播？我们提供一种分析这类文章的思路：三层级分析，一是大主题的选择有什么特点；二是小话题的观点表达是否有力；三是文章在传递什么更深刻的观点。

案例文章的大主题是"佛系"，该词在 2017 年既流行又新鲜，是网友乐于给自己打上的标签，同时其含义简单易懂。因此，文章在开头对"佛系"做了简单的解释，不争不抢，不求输赢，随后开始平行论述。除了选段中的"佛系乘客"，文章还列举了佛系朋友圈、佛系恋爱、佛系健身、佛系食客、佛系交友、佛系养娃、佛系购物、佛系员工，这些小话题涉及社交、婚恋、饮食、健康、教育、工作等领域，均贴合当下年轻人的生活。每个小话题中"佛系"表现的背后都展现了年轻人的一种生活态度或是对某种现象的内心真实反应。例如，看到爱秀的朋友圈，不攀比也不排斥，只是平静点赞；办了健身卡即便不使用也能得到心理安慰；等等。每个小场景下与世无争的心态都能引起强烈共鸣，小话题选择和阐释有效。最后，通过一个个小话题的叠加，一个声音逐渐清晰：或许你身边没多少真朋友，或许你缺乏自律，偶尔偷懒，职业倦怠，或许你拼不起爹也拼不起娃，这些通通都不是你一个人的问题，而是许许多多的人所共同面临的困境，他们对这个世界抱有与你相似的态度，也跟你一样无奈但努力地生活，所以大家都可以"平安喜乐"（文章结尾句用词），这正是文章传递的更深层观点。

通过三层级分析，我们更能看清是怎样的情绪价值传递让一篇文章成为爆款。

范例【文章】：在北京独居没几天，我成了孤勇者

来源：槽值

时间：2022 年 7 月

网址 / 二维码：https://mp.weixin.qq.com/s/SKxUuPk2InwD9t
9uHtGOpw

【原文节选】

又到了租房旺季，各种有关找房子、租房子的帖子层出不穷。

有人和朋友合租，也有人越来越多的年轻人，选择一个人住。

去年就有调查显示，中国独居人口达到 9200 万；今年 7 月份，"我国一人户家庭超 1.25 亿"的话题又引起了热议。

"一人独居，两眼惺忪，三餐外卖，四季网购，五谷不分。"

当代独居青年生活实录，用这 20 个字就可以大体概括。

独居到底是一种什么样的体验，独居安全吗、快乐吗，孤独比较多、还是自由比较多……

人们讨论着关于独居的种种，乐此不疲。

今天，我们找来几位朋友，聊了聊他们独居生活中的那些苦与乐。

01 @ 姜姜然

毕业后乖乖进了国企，没想到公司有个为期一年的外地项目，去到那里之后，才第一次体会到独居的快乐。

冰箱里塞满了无糖肥宅快乐水，冰块可以想加多少加多少，完美实现冰水自由。

这要放在以前，绝对是不行的。

周末睡到十二点，抱着加量版薯片在床上追《警察荣誉》，不用担心我妈进来强行拉开窗帘。

嗷！还可以裸奔！

一整天光溜溜在家里晃荡，扯着嗓子 k 歌蹦迪，或者神经质一样分饰两角，演起《甄嬛传》里"臣妾做不到啊"那段。

如果有个摄像机 24 小时记录我的日常，大概可以命名为《当代女青年神经质行为一览》吧。

可是管它呢，踏进门，便是踏进自由国度。

……

【案例解析】

这也是一篇平行结构的文章，标题似乎传递了很直接的负面情绪，话题也更沉重，实则不然，文章呈现了平行结构、文段集锦型稿件的另一种样态。文章最突出的特点并非沉重，而是在"独居"主题下对人们生活状态的多元呈现，重点不是观点、态度的一致性，而是多样化。

案例文章的大主题是"独居"，平行结构中，每个讲述人构造了截然不同的独居情景，传达的观点和情绪也不尽相同，甚至相互矛盾。文章对小话题的选择更松散随意，从人物上看，有国企员工、自由职业者、在校大学生。他们所居住房屋有的是单独租房，有的是合租房，有的住自己的房子，地处超一线城市、海外、家乡等等。从生活习惯上看，有的健康规矩，有的随心所欲。从情绪基调上看，有的积极，有的客观理性，有的思乡心切，有的消极，甚至有动摇放弃的。文章以供稿人的名字为小标题，将形形色色的独居故事展示出来。当然，文章最后结尾处也提炼了一个观点："这场'孤勇者'的独居游戏，只要一关关闯下去，总有一天会得到专属彩蛋。"但通读全文我们可以发现，很难以某个一致的观点作为整篇文章的价值出口，但也正是这种随意性和多元化，让几乎每个独居的读者都能找到属于自己的那个"孤勇者"类型。可见，小话题的选择维度和标准不必僵化，可以通过集锦来表达统一的某个观点，同样可以通过大量的征集与筛选，呈现一个大主题下的芸芸众生之"全景"。

范例【文章】：当你看淡一切，活着就不累了

来源：夜听

时间：2023 年 1 月

网址 / 二维码：https://mp.weixin.qq.com/s/ROHRKsT6MweY
Xu7VU46Qmw

【原文节选】

在纪录片《守护解放西》中，有一个令人痛惜的男孩：

他想要得到父母的爱，但是父亲跟他的关系不好，母亲离异后也不怎么关心他。

他喜欢汉服，可父母觉得穿汉服的人脑子有毛病，不喜欢他这样的打扮，还经常批评他。

在他的世界里，父母总在否定他，他怎么做都不对。

而更让他难过的是，他追求的女孩也不喜欢他。

他百思不得其解，为什么自己就得不到别人的爱，自己该怎么做才能活成别人心中的那个优秀的人？

他苦苦追求活出一个别人眼中的"优质青年"，却在别人的批评声中饱受折磨。

最终选择在冷冽的冬日跳入湘江，结束自己年轻的一生。

活在别人的眼中，毁在别人的嘴里。

太在乎别人的看法，就会放大别人说的每一句话。

让自己迷失方向，失去了评判生活的能力，也丧失了把控生活的心力，最终一无所获。

事实上，没有人能决定你生活的原样。

人生路上，是要你自己亲自去感受生命之长，去惊叹自然之美，去领悟生活的奥妙。

你来到这世间，不是为了听别人嘴里的你是什么样，更不是为了去看别人眼中的你长相如何，而是要为自己而活，活出自己的使命感。

哪怕只是闲看庭前花开花落，也不枉此生。

【案例解析】

很多新媒体账号都设有夜读类的栏目，甚至专门运营此类账号。推送形式通常是文字加朗读音频。选题宽泛，涉及社会现象、情绪心理、生活难题、情感困扰等话题，往往态度豁达、分析通透，向读者传递爱与正能量。从标题就能看出，案例文章属于此类文章的典型形式。

文章提出，生活中，很多人因为过于在乎别人的评价，弱化自我，为一声赞美而活，终其一生为别人的期待忙碌。可以看出这类选题的特征，文章提到的话题和现象或许没有舆论热点事件做由头，或许没有很明确的情境，但一定是大多数人在生活中或多或少都遭遇过的情况，都萌生过的感觉和情绪，都曾出现的想法和欲望。比如，几乎每个人都做出过把他人意愿摆在自己之前的决定，也都曾因压抑自我而感到委屈、难过，对号入座，总有一刻的我们就是文章中提到的"活给别人看"的那种"蠢人"。总之，话题的普适性和涵盖力非常重要。同时，我们还会产生这样的直观阅读体验：内容的信息点远不如新闻、科普、观点等类型的文章密集，用大致浏览的阅读方式或者听音频的方式，也能轻松理解大意。很显然，是栏目定位和阅读情景决定了这些特征。

夜读类栏目通常在晚上 8—11 点之间推送，主打读者的闲暇时间，场景设定通常是读者一边做家务、看电视、吃水果、陪孩子写作业，一边有一搭没一搭地消遣阅读，喜欢在这个时段阅读夜读类文章的读者，通常不太喜欢紧张、负面、复杂难懂的内容。可见，文章定位、阅读场景、读者诉求都影响着内容创作。有意地多去阅读优质的夜读类文章，相信大家很快就能摸索出创作诀窍。

范例【H5】：我在家乡的精神角落

来源：快手

时间：2023 年 1 月

网址 / 二维码：

【案例展示】

开篇：寻找属于你的家乡精神角落

你走过的路，

闻过的气味，

听过的声音……

都在潜移默化成为你性格的一部分

接下来请跟随九种人格测试

找到你在家乡的精神角落

测试问题文案：

问题一：如果时间可以倒转，你最想回到哪个时刻？

选项：童年的放学后、初遇 TA 的瞬间、2019 年的夏天。

问题二：前方的旅程，你想要搭乘什么风前行？

选项：扶摇直上的东风、自由不羁的海风、夹杂草香的清风。

问题三：途中遇见一群小伙伴，你希望谁能一直陪伴你？

选项：鹰、羊驼、猫、白熊。

问题四：当你疲惫时，最想要停留在何处？

选项：柔软的云朵上，山野徒步的林间，老街的屋顶上，游乐园的摩天轮上。

问题五：在经历了很久的飞行之后，你觉得哪只风筝更像现在的你？

选项：简洁纯色的三角风筝，布满艺术波点的菱形风筝，有曲线花纹的飞鸟风筝。

分享海报文案节选：

亦如沿途风景烂漫的享乐者：你优雅又有章法，能登上峰顶，也爱沿途风景。在最温暖的春天到来之前，你决定先看完这一片雪。

缤纷灿烂每一天的成就者：象征喜悦与热爱的郁金香，像极了你对生活的态度。不为旁人的驻足盛开，只愿实现自我的精彩。如果不小心芬芳了他人，只是一种额外的幸运罢了。

【案例解析】

该案例是一个测试游戏类H5作品。

每逢佳节倍思亲，撩拨起乡愁只需要一碗饺子、一副对联、一挂鞭炮，一张没到手的火车票。

作品发布时间正值春节之前，很多人因为种种原因难以回到故乡与家人团聚，伴随节日的临近，思乡感情逐渐强烈。案例在创意策划上敏锐洞察到年关之际的社会情绪，抓住了人与故土普遍存在的情感羁绊，通过游戏测试唤醒用户对家乡的回忆和天马行空的儿童式想象，引起情感共鸣，并根据用户的选择生成带有用户昵称、家乡的个性化海报，引导转发分享，形成传播和裂变，成为优秀的 H5 节点营销范例。

在文案方面，问题和选项内容的设置充满想象力，带有孩童般的天真烂漫。分享海报部分的文辞优美，深入人心，富有现代诗的韵律。在设计方面，案例使用了儿童插画风画面，贴合文案内容，画面温馨，色彩温暖，色调柔和，用丰富的色彩和稚气的笔触描绘出童话般的世界。画面中的关键元素又伴随用户的交互操作出现特色动效。例如，问题三中，点选不同的小动物，每个小动物被选中后，头部位置都会用文字泡的形式出现一句话作为对用户选择的回应；再如，问题五中，三只风筝迎风飞舞，被用户点选中的那一只会出现单独飞出列的特效，作品的交互设置细节满满。

更值得一提的是，该案例测试结果分享海报中的家乡照片，来自快手站内 60 余位民间摄影师。此次 H5 制作精选出 156 张覆盖全国各地的家乡地域照片，让每一个参与其中的人都能找到自己熟悉的家乡角落，激起大众心底对故乡最柔软而真实的情感共鸣，刺激用户参与裂变传播。

范例【专题】:"时光博物馆"系列报道

来源:人民日报社

时间:2018 年 10 月

网址/二维码(部分):

(1)图文:@所有人:人民日报要建一个时光博物馆,等你一起来"穿越"!

https://mp.weixin.qq.com/s/RlA2yNQ7D9Ph3xNP-u7xqg

(2)图文 + 短视频:40 年,40 部经典影视剧。哪一部你最难忘?

https://mp.weixin.qq.com/s/kO6XXOl8TlZbXein3HKUHg

(3)图文 + 短视频:假如有一台"时光机",我最想回到 1978 年。你呢?

https://mp.weixin.qq.com/s/-jXknAX--7gGP7CbEuC 8Vg

(4)图文 + 短视频:这应该是这个冬天,最燃的快闪了!

https://mp.weixin.qq.com/s/nQCUT7LLi_VlWQ4O0hROWg

(5)图文 + 短视频:来了! #时光博物馆 #全揭秘

https://mp.weixin.qq.com/s/-fXYUGtCERb4x0rlEfZQ3A

《来了！＃时光博物馆＃全揭秘》节选：

……

一进门，就是一条由人民日报标题组成的"时光隧道"。

《解放思想实事求是》《中国女排首次荣获世界冠军》《中共中央、国务院同意开发浦东》《中英香港政权交接仪式在港隆重举行》《莫言获 2012 年诺贝尔文学奖》《坚决打赢脱贫攻坚战，谱写人类反贫困历史新篇章》……人们纷纷驻足，合影留念。

穿过隧道，第一站是"时光杂货铺"。

零食、糕点、饼干罐、冷饮、名酒、搪瓷杯、贴纸、手帕、蛤蜊油……这个不大的空间里装满了"80 后""90 后"的回忆。一位与杂货铺玻璃柜台同高的小朋友，正站在柜台前，伸着脖子朝台面上张望。只见售货员轻轻拧动发条，一只绿色铁皮小青蛙便在上面蹦跳起来，很是可爱。"我小时候也和他一样，在杂货铺里一看见什么好吃的、好玩的，就挪不动脚。"正在北京读研究生的小吴笑着看向小朋友。

随后，小吴的目光被杂货铺墙壁上挂着的一张"个体工商业营业执照"所吸引，上面写着这些信息：章华妹，（温州市）解放北路 83 号，主营小百货，工商证字第 10101 号，颁证时间 1980 年 12 月 11 日。

时间毕竟过去了近 40 年，当初的个体户章华妹肯定想不到，这张营业执照如今有了新科技含量。打开支付宝，用"AR 扫一扫"对准执照，一段介绍视频从屏幕中跃出。原来，这是改革开放后颁发的第一张个体经营执照。这张执照，不仅改变了当年不满 20 岁的章华妹的命运，也预示着一个计划经济国家正迈向市场经济。从这时起，许多人找到了新的谋生之道，他们或是摆摊，或是倒货，或是开店，用勤奋、智慧、毅力和创造精神，成为"先富起来"的那批人。

……

【案例解析】

"时光博物馆"系列报道是一次融媒体创新的有益尝试，并荣获了第二十九届中国新闻奖二等奖。在创意策划上，案例将线上主题报道与线下场馆创意体验相结合，案例聚焦普通国人的衣食住行，以百姓视角看改革开放四十年的沧桑巨变。案例通过回顾普通人的生活与成长史，拼搏与奋斗史，告诉人们伟大的变革其实与个体息息相关。每个人都是国家发展壮大的参与者，也都是改革红利的惠及者。

在内容制作方面，案例融合了采访、评论文章、短视频、H5、直播等形式，实现了融合报道的创新。在新媒体平台上，时光博物馆以亲和的姿态，与国人探讨最想穿越回哪段人生时光？哪些经典老电影令人难忘？哪些脍炙人口的老歌经久传唱？你有哪些时光故事愿意分享……而在线下，沉浸式的活动场馆更是成为当时的网红打卡点。该系列从内容传播到活动策划，都精准地拿捏住国人的情感共鸣点，频频在线上线下上演"回忆杀"。

持续报道的长期效应与线下活动的长线推进双双取得成功，使时光博物馆产生了广泛的社会影响。该项目更是受邀参与了中国国家博物馆《伟大的变革——庆祝改革开放40周年大型展览》。据不完全统计，时光博物馆线上相关话题互动的总人数超过7亿，全网总讨论量超40亿，线下累计参观人数也超过了50万人。"时光博物馆"当选为"2018年度社会生活类十大流行语"。时光博物馆的成功启示党政新媒体从业者，应当站定主流话语场，主动拥抱技术，守正创新，在新媒体时代引导社会议题，开拓主旋律传播的广阔空间。

范例【短视频】：你愿意为这双手、这些面孔点赞吗？他们是用青春守护了祖国，致敬！

来源：人民日报抖音号

时间：2019年10月16日

网址：https://www.douyin.com/video/6748283498810985739

【案例简介】

一张皲裂的面庞，强烈的紫外线将他的脸晒得红一块黑一块，隔着屏幕都能感受到隐隐的刺痛；一只颤抖着拿东西吃的手，爬满了冻疮，一个、两个、三个、四个、五个、六个……结痂的伤口不知道裂开了多久；同期声里，传来时不时的咳嗽，用力喘着粗气的不知道是谁的心头肉？裂开的嘴角，高原红的脸……这个时长仅为10秒的短视频，不禁让人肃然起敬。而视频只是青年边防战士在外守卫边疆艰难不易的缩影。这一双双手，一张张面孔背后，往往还有数不清的伤疤与苦楚。

这是发在人民日报抖音号上的短视频，视频获赞近3000万，评论多达111万，转发超10万。开场边防战士手部特写视频外加几张战士的照片，展现出边防战士的不易，配以文字"你愿意为这双手，这些面孔点赞吗？他们是用青春守护了祖国，致敬！"不禁让全网用户潸然泪下。

【案例解析】

正面的语境，引发全网"共情"

该视频选取的画面非常具有代表性，通过简单的语言和照片将边防战士的坚守与不易压缩到几秒钟之内，"青春""守护祖国"的文字，与视频内容形成强烈的反差，直入人心。他们本应在年轻时肆意张扬地生活，但他们选择了成为一名战士守卫边疆。不仅要承受常人超负荷的身体磨炼，或许还要经历不为人知的孤独和寂寞。尽管如此，依然有大批人前仆后继，再苦再难也要守卫边疆，其中传递出的爱国精神与英雄主义溢于言表。

配乐，将观众的情绪推向高潮

音乐是视频创作中不可或缺的部分。好的音乐，不仅能激发出人们的情感，让人们产生共鸣，还可以助推视频节奏，打磨出完美的流畅度和紧凑性。而如果没有好的音乐作为点缀，视频就可能显得单调、平淡、乏味。本视频选用的音乐具有难以言说的感染力，它可以轻松地将人不自觉地带入视频设定的情境中，给予影像更加鲜活和生动的印象。

情感叙述，塑造正确的社会价值观

对于主流媒体而言，刊发这类讴歌英雄的作品，具有重要的舆论导向价值。人民日报抖音号上播发的这条作品，聚焦"边防战士"群体，通过串联不同人物的相似身体经历，并以此为内在逻辑进行有效的信息整合。这样的编排，使得报道中的人物形象变得鲜活而极具感染力，强烈地传达出默默无闻、远赴他乡、不为人知的守家卫国军人的不平凡。连续几名军人的照片最终旨在营造同一情境中的相似情绪体验，形成极具感染性的共情张力。"你愿意为这双手，这些面孔点赞吗"的标题，更是直接引导了近3000万的点赞。他们挥洒无悔青春，用平凡而伟大的坚守，换得祖国的安宁平静。"英雄"的塑造，便成了所有人的榜样。

范例【短视频】：褪下口罩那一刻瞬间心疼哭了！

来源：人民网抖音号

时间：2020 年 1 月 30 日

网址：https://www.douyin.com/video/6787656503986834702

【案例简介】

"不想出来，为了节约一套防护服，因为出来就要重新换"，上海援武汉医疗队医护人员的一句话的同期声加上 9 张配图，这时长仅为 10 秒的短视频，在人民网抖音号上一发布便引爆全网，各大媒体纷纷转发跟进报道。配图中，是一张张抗战在一线的医生护士褪下口罩时，被口罩和护目镜勒出深深的印记和满脸倦容的脸部特写；还有超负荷工作，浑身衣服湿透，被汗水打湿浸泡发白的手掌。视频发布时间为 2020 年 1 月 30 日，那段时间，新冠疫情向全国蔓延，大批医护人员正奋战在抗击疫情一线，他们不仅缺乏救援物资，工作的强度也超出人们想象。而这段视频更是一个有力例证，展现了医务工作者的艰辛和不易。截至发稿，该视频播放量超 2.8 亿，获赞 1674.1 万，留言高达 93.2 万之多。医务工作者的无私无畏感动了亿万网友，纷纷留言表示，"白衣天使们辛苦了""希望平安归来"。

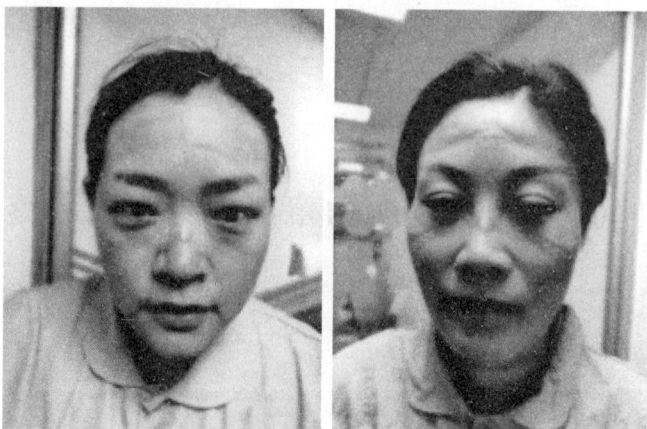

【案例解析】

平民化视角，有温情的画面才能更打动人

在疫情严重时期，医护人员一直是最让人们感到敬佩的群体之一。而这则视频展现了医护人员在抗击新冠疫情一线的工作状态。在这个特殊时期，医护人员需要长时间地穿戴防护装备，以保护自己和他人免受感染。救死扶伤迎难而上的她们，始终被口罩所遮挡，当她们脱下口罩的那一刻，展现出来的勒痕和印记令人不禁动容。在救援一线，她们为了节省一套防护服连续工作 9 小时，期间不吃不喝。这些医护人员所经历的艰辛和付出与大多数人的正常生活形成鲜明对比，而平民化视角呈现出来的是立体真实、有血有肉的人物，该种叙述方式更能让受众感到真实亲切。

选取逆向而行的典型人物，细节入胜

医护人员脸上的勒痕可以看到她们戴着口罩、护目镜等个人防护设备长时间工作的辛苦和付出。她们在现场与病毒作斗争，承受着身心的巨大压力，并且因为防护设备穿戴时间过久，导致

留下勒痕，使得人们更加深刻感受到了她们作为医护人员的艰辛和挑战。其次，通过这个视频，也可以让大家感受到这些医护人员对于工作的责任感和使命感，她们不顾自身安危，舍小家为大家，为我们的健康和生命保驾护航。这种无私奉献的精神和行动，让人感受到人性中最美好的品质，从而引起广大网友的共鸣和认同，甚至感动落泪。这些报道将有效激发正能量，号召大家关注疫情，同心抗疫，并对医护人员的奉献精神给予肯定和赞扬，同时引导大众尊敬医护岗位，还能为前线医护人员带来心理慰藉。

范例【短视频】：一线岗位全部换上党员

来源：第一财经客户端

时间：2020 年 1 月 29 日

网址：https://m.yicai.com/news/100483417.html

【案例简介】

2020 年 1 月 29 日，上海医疗救治专家组组长、华山医院感染科主任张文宏接受采访，"第一财经"从冗长的采访中剪辑出了最为精彩的一段话，制成短视频刷爆网络。

视频节选内容如下：

张文宏说："其实华山医院的病房不需要我查房，我去查房的主要原因其实只有一点，要消除我们医生的恐惧。就是说你是主任，老是在后面指手画脚，不进去跟病人亲密接触，然后让我们老是在危险的第一线，我怎么可以接受呢？所以，今天（29日）我做了两件事情，第一件事情，我自己每个星期要进去查房，至少一次到两次；第二件事情，换岗。把所有从年底到现在为止的医生全部换掉。这一批都是了不起的医生，在对疫情的风险性、传播性、致病性一无所知的时候，他们就这样把自己暴露在疾病的前面，暴露在病毒的前面，我认为他们都是非常了不起的医生，所以不能欺负听话的人。我把所有岗位的医生全都换下来，换成谁？换成科室里所有的共产党员。共产党员在宣誓的时候不是说吗，把人民的利益放在第一位，迎着困难上。我说从现在开始，把所有的人都换下来，共产党员上，再给我做出自己的样子来。这个时候，不管你有什么想法，对不起，你马上给我上去，不管你同意还是不同意你都得上去。心理上为了信仰上去也好，是因为党的约束上去也好，没有讨价还价，肯定是上去！"

该视频先后被人民日报、央视新闻、界面、青春上海、上海大调研等国内主流媒体转载，学习强国也参与传播，全网流量超过2亿，造就了"共产党员上""硬核主任"等网络热词。

【案例解析】

嘹亮话语，传播坚定信念

在疫情暴发的初期，公众对于新冠病毒肆虐横行的恐惧以及医疗条件有限的慌张，急需科学、理性的防疫指引以及坚定、可信赖的信念支持。这则短视频火遍全网，就是因其符合公众的精神需求，带给大家以信念力量。"一线岗位全部换上党员，没有讨价还价"，这既是一名感染科主任的工作要求，也是一名负责任医生的铿锵坚韧，更是一名共产党员身先士卒的缩影。有困难、有危险，人民有需要，共产党员冲锋在前，彰显了以张文宏医生为代表的广大的奋战在抗击疫情一线的共产党员为人民服务的宗旨意识与责任担当。

身边实例，涤荡情绪阴霾

"共产党员上""硬核主任"等网络热词的产生，既是广大人民群众对张文宏医生的赞许，同时也可以看出公众对于新冠疫情的恐惧感、无力感的逐步消除，荡清了氤氲在网络上的消极情绪。

正是这些发生在身边的一个个实例、一个个正能量的人物和事件，最能给予人们希望和信心。

沧海横流，方显英雄本色

越是艰难处，越显得百折不屈精神的宝贵、众志成城决心的振奋，这一则视频作为抗击新冠疫情时期的一个标志性新闻，极大地鼓舞了民众战胜疫情的昂扬信念，树立了科学防疫、直面困难的优秀共产党员形象，激发了全社会层面团结一心、迎难而上的抗疫精神与顽强斗志。作为奋战在一线的医学专家，他们话语极富力度、专业科学高效，已经成为许多青年人心中的英雄。

范例【短视频】：如果我不幸倒在武汉……

来源：时刻新闻客户端

时间：2020 年 2 月 11 日

网址：https://moment.rednet.cn/pc/content/2020/02/11/67113
42.html

【案例简介】

新冠疫情肆虐期间，全国人民众志成城、共克时艰，涌现了无数的最美逆行者。2020 年正月初一，郑能量在微信朋友圈立下"生死状"后，从长沙出发，独自奔赴武汉，成为一名志愿者。记者第一时间了解到情况后，经多方联系终于成功采访了郑能量，获得第一手新闻视频素材。"如果我不幸倒在武汉，请把我的骨灰无菌处理后撒在长江，让它漂回湖南，报答陪伴我的祖国、家人、老师、朋友，还有我的理想……"2 月 10 日晚上 6 点，在武汉当志愿者的湖南小伙郑能量，才刚刚吃完中饭，觉得身体有些疲惫，他面对镜头，拍下了一段视频，这也是他的心声。

【案例解析】

保留新闻现场原生态　用户视角凸显真实性

抗疫志愿者郑能量使用手机竖屏自拍的一段长达 32 秒的

"生死状"视频，以极强的用户视角呈现出其特别之处。该作品采用短视频现场新闻最原始的形态进行呈现，充分尊重短视频现场新闻的原生态呈现，32秒竖视频、直击心灵的文字、当事人略带疲惫的声音，最真实的镜头，最决绝的斗志，让人感动，催人泪下。不仅弘扬了时代主旋律，也鼓舞了人们战胜疫情的士气。

发挥新媒体报道团队的编辑作用　鼓舞人心

这则视频是抗疫报道中，湖南媒体首次用心用力关注志愿者群体。如何让人物在32秒的新闻素材中立起来，编辑团队进行了一系列精心策划，包括视频配文内容及背景音乐的选择，都经过了反复推敲，着力突出泪点和正能量的传播。报道一经推出，便感动了全网。

党媒发挥应有之义　展现责任担当

郑能量最美逆行的泪点和正能量感动全网，报道刊发后，湖南红网又组织进行了全方位立体式跟踪报道，让人物形象更丰满，湖南众多媒体也纷纷加入"郑能量"大合唱之中，受到了众多网友的持续关注，引发了强烈反响和讨论。红网新媒体矩阵全面发力，抖音同步推出专题，微博开设相关话题，在抖音平台点击量超9900万，人民日报客户端等21家新媒体平台推荐转发，全网点击量达2.5亿，给战"疫"宣传带来了一股"郑"能量风暴，唱响了时代主旋律，鼓舞了战"疫"信心，汇聚了强大能量。社会需要这样的郑能量，我们需要这样的正能量。

"时效性式" 文案

在传统媒体时代，新闻报道的时效性是血液，是活力的保证。随着时效性的下降，内容的新鲜度也会大打折扣。在新媒体时代，技术支撑使新闻报道的时效性大大增强，但这也同时意味着信息更替频率上升，新闻内容的生命周期在缩短。我们经常会面临一则信息已经铺天盖地地传播却还是不得不跟进热点的情况，也会面临所有人都能预判到的热点如何做到另辟蹊径的难题。对此，只要我们多花巧思，独到的落点能让后手棋翻盘、创意性策划能让内容脱颖而出。

范例【文章】：开学第一课，最该告诉孩子的归根结底只有 10 个字······

来源：中国教育报

时间：2017 年 9 月

网址／二维码：https://mp.weixin.qq.com/s/-OfxFp Wg2GYgHrdmnoDOKA

【原文节选】

新学期，你是不是期盼在学生身上看到成长的印记？

有人说，别人是自己的一面镜子。读懂他人，方能自我生长。

老师，新学期给学生上一堂别开生面的第一课吧！

读懂今夏这些人身上的这五种品质，是所有补习班都学不来的！

也许这样的开学第一课不比讲一节文化课来得立竿见影，不比做一次游戏来得轻松俏皮，但请你相信，开学第一课把这 5 个关键词、10 个字教给学生，他们必受益终生！

关键词：奋斗

不要在本该拼搏的年纪选择安逸

河南省实验中学开学第一天，一名农民工留在黑板上的寄语——

不奋斗，你的才华如何配上你的任性；

不奋斗，你的脚步如何赶上父母老去的速度；

不奋斗，世界那么大，你靠什么去看看；

一个人老去的时候，最痛苦的事情，

不是失败，

而是我本可以。

每个人心里都有一片海，

自己不扬帆，没人帮你启航。

只有拼出来的成功，没有等出来的辉煌！

学生报到时，九（10）班班主任裴亚楠发现了这段话，并让学生保留了下来。

裴亚楠说："让人感动，更让人震撼！"并借此机会为同学们开了一堂生动的主题班会课。在开学第一课上，这个留言就是最好的课堂内容，胜过千言万语。

第一课·老师寄语

一位可爱可敬的工人，为新学期的同学们上了一堂情真意切、原生态励志的教育课！珍惜吧，孩子！在本该奋斗的年龄千万不要选择安逸！

正如那位老师说的："孩子们，我们并不要你鞠躬尽瘁，但要全力以赴；不要你透支，但必须尽力。尽力也许并不能让你的未来无忧无虑，但是，至少会让我们的明天无怨无悔。因为，真的，人生很贵，请别浪费。"

【案例解析】

我们已经介绍过一些平行结构、故事集锦类的文章，但该案例的时效性要比其他几篇更强。

文章选题构思的背景是 9 月 1 日新学期开学，近年来每年秋季开学，很多中小学生都被要求观看《开学第一课》节目并写感想。文章就是抓住开学季时间点和平台目标受众（教师、家长居多）的需求而写成的，因此在发表的三天内阅读量攀升迅猛，吸引大量官媒转发。

文章平行案例的小标题处理方法大多是一个"关键词"＋一个"表明案例中心观点"的短句，作为每部分的内容引领。不同的是，该文的小标题内容并不是一个个讲述人的第一人称自述，而是采用第三人称，以"案例＋寄语"的形式，把引用的新闻事实与相关解读评价分开呈现，并且解读评价的部分采用了"老师寄语"的口吻。

这种处理方式的考虑有二：一是该平台有着为教师群体发声的内容创作传统做法；二是平台的特殊性，报刊社等媒体单位的官方新媒体平台，往往更重消息的真实性、客观性，需要对事实、细节和情感的表达、导向等格外注意，也需要承担更多的舆论引导责任，与完全做个人情感表达的自媒体平台差异很大。

这篇案例文章提示我们，选择有时效性的大主题时，不要只盯着长效话题，也可以多关注行业热点、社会热点；在定小标题、编辑个案时，还要根据平台既有的定位、格调和属性，选择妥当的处理方法，尤其是当我们作为新加入者投入某平台的新媒体文案工作中时，更要格外注意了解平台、了解平台所处行业、解读目标受众，这些地方藏着我们追热点、抢时效又能独树一帜的秘籍。

范例【文章】："网课猎手"们正在猎杀教师

来源：X 博士

时间：2022 年 11 月

网址 / 二维码：https://mp.weixin.qq.com/s/HEwRiSsYXqFbEqOy9G4Y8A

【原文节选】

10 月 28 日，河南新郑三中的历史老师刘老师在一场网课后于家中猝死。

她的女儿在微博中陈述，刘老师今年 46 岁，在教师岗位上已勤恳工作 20 余年，此前从未发现刘老师有心脏病史。

在刘老师疑似心肌梗死发作前的最后一场网课上，她和同学们遭遇了极为恶劣的网课爆破。

一群无关人员疯狂涌进刘老师的网络课堂，频繁替换她的课件，播放刺耳的音乐，以挑衅性文字遮挡共享屏幕。

刘老师反复制止无果，其间，这些人还在继续用不堪入耳的脏话辱骂刘老师和想要帮助刘老师维护课堂秩序的同学。

最终，刘老师情绪激动，落泪退出了直播课堂。

学生们以为刘老师"生气了""失踪了"，而他们再次获知刘老师的消息，是两天后物业打开门发现了刘老师的遗体。

......

"网课猎手"多以 QQ 群为交流基地，有组织、成规模、高频次地入侵腾讯会议、钉钉等主流网络会议平台上的网课。只要有人在群里发了会议号和密码，他们就会闻风而动，集体前去捣乱，或者他们如果提前知晓课程时间，甚至会比本班学生更早进入课堂"卧底"。

"网课猎手"乐于在各短视频平台上炫耀自己的入侵战绩，并以此获取更多可以爆破的课程信息，同时招募新成员进群。

他们往往不以营利为目的，只为搞破坏来取乐，但经常会称自己的"爆破组"是专业团队。

......

【案例解析】

10 月 28 日，河南新郑三中的历史老师刘老师在遭遇了一场极其恶劣的网课爆破后，因受到严重刺激心肌梗死发作，不幸家中猝死。"网课入侵"这个很多人此前闻所未闻的新名词快速普及开来，人们再次目睹了一场属于"网络暴力"的行为。

案例文章《"网课猎手"们正在猎杀教师》以此次网课入侵至教师猝死事件说起，首先介绍了网络猎手人员成分、攻击对象、网课爆破、网课入侵的形式和产业链。文章批评了网络猎手们低俗、黄色、暴力的行径和对互联网秩序甚至网友正常工作、生活的严重干扰，造成恶劣影响。至此，即便是对"刘老师事件"不甚了解的读者，也意识到了"网课爆破"这种新型网络暴力行为的恶劣性。随后，文章以教师群体为研究对象，分析遭遇"网课爆破"后，老师的常见反应和状态，呼吁大家不要轻视了"网课爆破"对老师们造成的精神损害。最后，作者从法律和道德的范畴再度批判"网络爆破"行为。

　　该事件是当时热点新闻，多次登上热搜榜，影响巨大，是非分明。通常作者不会再用过多文字来辨析责任和对错，而是会更加侧重表达态度，抒发情感。不过，本案例稍有特殊之处，那就是"网课爆破"对很多读者而言还是一个陌生的概念，因此，作者在处理这篇文章时，侧重点落在了对"网课爆破"现象的分析解释上，通过详尽的解释让读者自己了解此种行径的危害。仔细赏析，我们可以透过信息和情绪，体会文案处理上的智慧。

范例【文章】：博士的一封致谢信，为什么让人泪目

来源：酷玩实验室

时间：2021 年 4 月

网址 / 二维码：https://mp.weixin.qq.com/s/d7ezA8GR9sMg0_GR0m58EQ

【原文节选】

......

据查证，这篇论文写于 2017 年，作者系中国科学院博士黄国平。

论文于近日"走红"后，黄国平婉拒了很多采访，他表示"自己受益于多方帮助和众多老师培养，才能走到今天"，同时也向网友表达了谢意，祝大家"努力终有所成"。

也有媒体采访了黄国平老家的亲友、老师以及同学朋友，他们还原了一个更为"细节"的黄国平——

这是一个贫穷少年，通过知识和奋斗，一步一步改变命运的故事。

1987 年，黄国平出生于四川南充仪陇县一个村子里，"苦难"，似乎笼罩着他整个童年。

母亲身体不好，在黄国平12岁的时候又离家出走，父亲靠种地、卖苦力赚钱，常常连买肥料的钱都不够，甚至还要拿黄国平摸黄鳝赚的学费换酒钱。

屋漏偏逢连夜雨。

17岁那年，外出打工的父亲因车祸去世，同年，外婆也因病去世。

孤零零的黄国平独自居住在破败的家里，大伯上门看他，发现"老鼠在土墙上打了一个洞，泥巴都落到他床上"。

苦难的生活一股脑压给17岁的黄国平，他有足够的理由堕落，但黄国平选择了另一条路——学习，刻苦学习成了他对抗生活的"解药"。

……

【案例解析】

我们追热点写文章的时候经常遇到这种情况：某条新闻热度确实大，但是事件本身简单，正向价值明确，舆论态度高度一致，可探讨思辨的空间不大，没有太多后续跟进，我们也没有机会接触当事人，素材有限。如果不理会它就白白放过一个热点，写又很难单独支撑起整篇内容；如果完全跟随舆论态度和正面评价来行文，容易把内容做得很单调，情绪拉得很平，没有吸引力，何谈传播度？

案例文章讨论的新闻是黄先生的博士致谢信，黄先生自幼经历坎坷，但自强不息，心怀感恩，改变命运，取得成就，致歉信收到满满的赞扬与祝福，该事件比较符合上文描述的情况。案例对这一素材的处理运用很巧妙，以黄先生的故事开头，最终落在对不劳而获的批评。正例反用，建立对比，平衡素材，转移落点。文章在详述了黄先生的故事后，追加了小伙子任海龙的例子，两个人物身份和职业不同但有相似的关键词：苦难、勤劳、乐观、感恩、努力生活。这样的例子还有很多，继续找些去，完全可以完成一篇平行结构的文章。但是文章没有，话题一转，开始说反例做对比了。什么人懒惰、消极、怨天尤人，逃避生活犹如寄生虫呢？作者想到了"啃老族"。文章在对比部分展示了大量"啃老族"的言论，心安理得、阴暗、无耻、荒谬，与大致同龄的黄、任二人反差巨大，挑战人们的"三观"，激起读者对懒惰者的反感。尾声部分，文章又简述两个老人在耄耋之年依然辛苦劳作、自食其力的例子，懒惰者既比不上同龄人，又比不过老人家，负面形象再次加深。最后，作者提出"这世界上唯一可以不劳而获的只有贫穷"。这样做，避免了单调叠加正面素材，内容更立体，观点具有警醒作用。

范例【H5】：回望来路，热泪盈眶！

来源：光明日报

时间：2021 年 7 月

网址 / 二维码：

【案例展示】

《来路》

这一个个路标

记录了中国共产党

走过的百年历程

今天

让我们跟随这幅长卷

重温百年路

1915 年，陈独秀创办《青年杂志》，一年后改名为《新青年》，吸引鲁迅、李大钊、陈望道等进步人士，共同研究革命理论。探究改造中国的道路。

1921 年，这家嘉兴南湖的一叶红船上，中国共产党宣告成立。革命之舟自此扬帆起航。

1927 年，南昌起义打响了武装反抗国民党反动派的第一枪，极大地鼓舞了全国人民的革命热情。

1927 年，毛泽东率秋收起义部队到达井冈山，创建农村革命根据地。星星之火，在这里燃起，从这里燎原。

1934 年，红军开始长征。迢遥万里的跋涉，成就了人类历史上从未有过的伟大奇迹。

1935 年，遵义会议于危急关头召开。这场生死攸关的伟大转折，使中国革命拨正了航向，从此有了走向胜利的保证。

1936 年，红军三大主力胜利会师甘肃会宁，万里长征胜利结束。历尽苦难而淬火成钢，长征精神，始终催人奋进，始终激荡人心。

……

1949 年，毛泽东在开国大典上宣布中华人民共和国成立。红旗飘扬，中国历史从此开辟了新的纪元。

……

1997 年，香港回归，"一国两制"的伟大构想在香港落地生根。如今，紫荆花开，正烂漫。

……

这条百年路

一路辉煌

接下来的路

我们也得高歌长奏

通向新的辉煌

【案例解析】

该案例是 2021 年为庆祝建党百年光辉历程而策划制作的图文展示型 H5，通篇采用一镜到底的长图形式，穿插图片元素说明。用一幅长卷浓缩百年建党史，回忆中国共产党百年风雨历程，展现了当代中国人心齐聚、高歌长奏，奔向崭新历史辉煌的时代风貌。

文案上，以红色地标为引领，选择了建党百年来最具历史影响力的年份、人物、事件，回望来路，见证历史。格式统一，语言简洁有力，富有感染力。

该案例的设计采用了跟语言风格相一致的简洁硬朗风，大背景是一图到底的泛黄怀旧牛皮纸纹理，前景是版画样式的黑白图案，过滤掉所有装饰性细节和纹理，用大色块、简单线条突出人物和信息。以脚印做画面衔接元素，代表着共产党人一路前行的轨迹。最后一页增添了五彩缤纷的花朵作为边框装饰，与之前的朴素画面形成对比，突出当前。在党政新媒体的 H5 作品中，视觉效果当属上乘。

用户与 H5 的交互以向下滑动解锁画面为主要操作形式，在一些画面中，根据文案传播的需要，加入了真实历史图片资源和相应的图片说明，需要用户额外点击获取，需要点击处用鲜明的红色地点图标注明。

值得注意的是，图文、创意性很强的 H5 作品制作周期往往更长。以 H5 作品的形式追踪时效热点，在实操层面尤其要注重热点预判和提前策划。

范例【H5】：ofo 迷途

来源：每日经济新闻

时间：2018 年 12 月

网址 / 二维码：

【案例展示】

导言：在这个寒冬，迷途中的 ofo 到底发生了什么？近日，《每日经济新闻》记者实地走访国内 11 座主要城市，直击 ofo 的收缩与困顿。ofo 在多地都出现了办公室迁址的情况，小黄车投放量明显下滑。破损车辆缺乏维护几乎是每个城市的通病，而"人手紧张"的理由显然不能安慰押金难退的消费者。

展示页：（点击选择城市，进入相应城市新闻报道内容。）

以成都为例，展示报道内容如下：

11 月份，部分用户曾找到 ofo 成都公司原办公地，寻求退押金款，但 ofo 已撤离此地。

（图片集：成都市锦江区总府路附近的 ofo 办公室）

对话 ofo 成都公司相关人士：

记者：ofo 在成都投放数量有没有变化？

相关人士：公司目前在成都投放量是 64 万辆，较去年同期有所减少。公司以更加理性、精确的投放，满足大众更多出行需求。同时，政府出台相应减量政策，ofo 不断回收、抽离废旧车辆，因此车辆数量相较之前有所减少。

记者：对有用户反映押金难退的问题，怎么看？

ofo 退押金一切正常，退押金流程在 0—15 个工作日，超出期限属于退款异常，可以致电客服，有人工专门处理。虽然现在人手有限，但一直都尽最大努力保障用户退押权益。

对话成都街头用户：

记者：对 ofo 小黄车印象如何呢？

用户 1：一个月之前就申请退还 99 元的押金，如今仍然没有结果，而拨打客服电话也处于忙线。

用户 2：我们都申请一个月了，都迟迟没见到账。

对话工商部门：

记者：ofo "退款难"问题有接到用户投诉吗？

相关人士：11 月份接到 ofo 电话投诉 6 起，网络投诉 8 起，投诉的问题全部与押金退还困难有关。一般而言，投诉通常是通过双方协商解决，而至于 ofo 是否有派人来解决用户投诉，目前还不清楚。

【案例解析】

ofo 困境是一个报道周期可以放得长一些的选题。

该案例是新闻报道类 H5，基于视频、文字、图片、数据、用户互动评论等多种元素，进行新媒体融合创新。2018 年以来，共享单车企业 ofo 屡陷资金链断裂传闻，多家供应商被拖欠货款，同时，众多用户陷入"退押难"窘境，ofo 资金链危机愈演愈烈。为了探究 ofo 在全国范围内的运营情况，每日经济新闻策划了这一组报道。

内容上看，主创们虽然摒弃了传统深度报道的单纯图文呈现形式，但采访扎实，内容厚重，水准依然不减。该报道共调动了 11 座城市的记者，实地走访高峰时期主要商圈或地铁站周边的共享单车使用情况，探访当地监管机构及 ofo 办公地点，通过视频、图片的方式，多样化呈现报道内容，并结合图表，全面呈现 ofo 市场占有率、消费者投诉处理等。

设计方面，H5 作品的最终呈现形式集动画、视频、可视化数据图、文字深度报道于一体。通过数据图的方式，清晰展示了 ofo 各地运营数据、ofo 与供应商的纠纷，以及涉及 ofo 押金的消费者投诉情况，让用户更直观地理解 ofo 的过去和现状。

由于作品囊括了多种形式的内容，既有新闻报道展示，又有引导分享、为 App 引流的意图，因此作品架构和层级比较复杂，非常考验交互设计的水平。

总之，该作品在内容上保留了调查类报道的深度，同时也体现出明显的互联网产品意识，达到了新闻报道、消费者互动、App 引流等多重传播效果，荣获了第二十九届中国新闻奖一等奖。

范例【H5】：打开这幅手绘长卷，带你一起"川"越 5 年!

来源：四川在线

时间：2017 年 5 月

网址 / 二维码：

【案例展示】

打开这幅手绘长卷带你一起"川"越 5 年

四川省第十一次党代会 24 日召开!

这里有一幅手绘长卷，等你打开!

跟着川籍画家郭劲松的画笔，我们一起"川"越过去这五年……

芦山地震灾后重建

2013 年 4 月 20 日 8 时 02 分，里氏 7.0 级强烈地震突袭芦山。经过艰苦卓绝的奋斗，到 2016 年 7 月 20 日，灾后重建"三年基本完成"的目标圆满完成。

（互动：点击查看芦山地震灾后重建）

芦山县龙门乡是"4·20"芦山强烈地震震中。如今的龙门乡已建起美丽新村，村民过上了幸福的好日子。

凉山"悬崖村"有了天梯

凉山阿土勒尔村的村民进出村最快的方式，是借助藤梯攀爬落差达 800 米的悬崖。这个被称为"悬崖村"的地方，短短一年间发生巨变。藤梯变钢梯，村民上山时间大幅缩短，走起来也更安全了！

首开中欧班列

2013 年 4 月，首开中欧班列，至 2016 年底，共开行 460 列，开行数量居国内第一，占国内中欧班列总数的 26%，发运货物总价值超过 13 亿美元。

（互动：点击发车）

波兰当地时间 2016 年 6 月 20 日，从成都始发的同一品牌中欧班列首发列车抵达波兰。

950 多个省重大项目支撑四川转型发展

2012 年以来，四川有 950 多个省重点项目落地实施，成为四川稳中求进、转型发展的重要支撑。

……

【案例解析】

该案例是图文展示类 H5，采用一镜到底，长按滑动的"中国风"卷轴形式。案例的策划时值四川省第十一次党代会召开前一个半月，通过展示四川 5 年来各个领域的发展和巨大变化，增强了党代会在互联网尤其是新媒体端的传播效力，营造出昂扬向上、热烈浓厚的氛围。

在文案方面，文字内容呈现传统的总—分—总结构。占据文案主体部分的是芦山地震灾区三年重建、四川自贸试验区挂牌、成都天府国际机场开建等15个场景。它们对应着政经民生领域的标志性大事件，文案起到了简要介绍的作用。15个案例随长卷轴依次展现，内容丰富，领域多样，信息量大，鼓舞人心，使整体文案气势恢宏，别具格调。在文案展示逻辑上，案例整体构成了扁平化结构，所有案例的文字信息都是平行展示的，只有少量补充内容处于折叠状态，需要通过互动点击显示。

设计方面，该H5邀请国内知名的四川籍画家，手绘定制了一幅幅色彩水墨画，画面内容和文字内容主题高度贴合，生动直观地把四川过去5年来各个领域的巨大变化进行了完美呈现。该H5的交互采用了横屏展示设计，用户通过长按滚动画轴，阅读内容，手指随时抬起即滑动停止，方便详读和互动体验。作品荣获了第二十八届中国新闻奖二等奖的荣誉。

范例【H5】：无人知晓的天使

来源：人民日报

时间：2020 年 5 月

网址 / 二维码：

【案例展示】

这条路，从起点到终点写满了艰辛。你确定要开始吗？

（交互设计：点击"我确定！"）

动画部分文案：

昼夜颠倒、神经警惕、饮食无规律、连轴转、菜鸟、手忙脚乱、慌张、熟练、渐入佳境、成熟、没有时间陪伴家人、连轴转到回不了家、接到电话说走就走、忙到没时间找对象……

（画面：各种职业病形成雨滴砸落在人物身上）

独白：听前辈们说过，护士资历越深职业病越多。只有等自己真正经历了，才知道病痛真的很折磨人。工作的重压、对家人的亏欠、无法逆转的职业病都无法压垮我！但我害怕偏见和误

解！（画面：各种非议形成箭的样式刺向人物——人物坠落——各种鼓励的声音）

行业信息部分文案：

以上，不是故事，而是中国 445 万护士的真实写照。

全球严重的护士荒：WHO 数据表明，全球范围护士缺口达 590 万。

2019 年底，中国护士总数达 445 万，按照每千人拥有护士数量，欧盟规定 8 人以上，中国仅为 3 人。

......

他们每一位，都和你我一样是家人捧在手心里的宝贝。

选择这个行业有不同缘由，坚持下来只因为一个信念，

愿所有的医护人员，都可以被善意包围。

因为，他们值得！

护士节快乐，白衣天使！

【案例解析】

该案例是一个长按滑动的动画 H5，为宣传 5 月 12 日的国际护士节而策划制作，呼唤社会对护士职业的理解和尊重。发起方党政新媒体（人民日报）、音乐平台和新闻平台（网易），为策划提供了传播平台、BGM 素材和 H5 技术支持，完成了一次打动人心的公益性合作。这是一个时效性较短但热点可以预判的选题。

该作品以护士卡通小人儿的视角，随着人物动线，了解整个作品。文案是完成策划意图的关键。案例作品的文案分成两部分，前半部分是故事，后半部分则揭示了护士行业的现实问题。前半部分的文案故事性强，情节跌宕起伏，情绪渲染到位。卡通小人儿刚刚入职，认为护士职业不过是脏累而已，但随着工作深

入，护士一路成长，从菜鸟到熟练，因为工作忽略了个人生活、患上职业病，工作中遭到各种质疑，情绪逐渐下落，坠入低谷，但又受到来自四面八方的鼓励，重拾信心。再看后半部分，由故事转向现实，用真实数据和照片揭示了全球严重的护士荒、2019年底中国护士总数、护士的工作状态等问题，深深地触动了用户们的内心。

在设计上，作品的故事部分采用深色调背景搭配灰白色文字，文字的排版结合词义，新颖独特。人物的行走依托于各种形状的支撑物，动线变化丰富。在人物行走中，文字随着对应位置而逐字点亮，行走速度快文字变化快，反之亦然；画面语言中，将质疑非议做成箭的形状刺向人物，导致人物坠落，将鼓励、肯定做成光托起人物，细节上的精致考究、画面的深刻隐喻均显示了制作者的细腻用心。在交互方面，案例将短时间（通常只持续数秒）的自动播放与用户长按滑动交替设置，使画面衔接富有节奏感。

范例【短视频】：彻夜救援　台州无眠

来源：无限台州新闻客户端

时间：2020 年 6 月 14 日

网址：http://m.576tv.com/OLTZ/a/id/104472/flash

【案例简介】

2020 年 6 月 13 日 16 时 40 分左右，G15 沈海高速温岭段良山村附近一辆槽罐车爆炸冲出高速公路，共造成 20 人死亡，172 人住院治疗，直接经济损失 9477.815 万元，这是一起国务院安委会挂牌督办的重大生产安全责任事故。事故发生后，台州广电集团融媒体新闻中心启动突发事件报道应急机制，第一时间派出 4 组记者赶赴现场采访。短视频时间线清晰，画面翔实，多段现场声串联起救援场景，极具冲击力，完整再现了惊心动魄、争分夺秒的救援过程。短视频推出以后，迅速成为互联网热点，短短几个小时，点击率就突破 30 万 +。多段视频被多家新媒体平台转发，浙江卫视、央视等纷纷跟进报道。该作品还荣获了第三十一届中国新闻奖。

【案例解析】

四组记者分工明确　创造性缝合视频作品

灾难发生后，及时、准确地传递信息是新闻工作的重点。为在最短时间内赶制出片子，台州市广播电视台策划团队制定了多部门联动、多工种接力、分时段剪辑的制作方案。记者分四组全程记录，有彻夜在事故现场拍摄搜救的，有跟拍省市领导指挥救援的，有赶赴医院了解救治情况的。同时，后方制作团队接应前方素材，通宵赶制，对视频进行创造性地逻辑缝合，最终在第二天上午新闻发布会结束后不久就发布了该视频作品。

时间为线串联事件　提取"救援"主题

在该视频作品中，一个突出的特点是"全篇以时间点串起"。通过时间线非常清晰地展现了这一事件从灾难发生、第一支救援队伍抵达、救援展开、人员分批获救、省领导抵达、获救人员送达医院的一系列全过程。这一全过程的依次展开又烘托了整个事件中"救援"这一主题，最终，后方团队根据现场传回的视频素材制作出了以"救援直击"为主线的短视频。

灾难性突发事件中　短视频新闻和全媒体人才不可或缺

这一作品的出现，不仅成为媒体在灾难性突发事件中争分夺秒回应公众关切的典型范例，也是全媒体人才转型和培养的实践，也体现出采编制度改革的成果。

范例【直播】: "国聘行动"

来源: 央视频 APP

时间: 2020 年 3 月

网址: https://m.yangshipin.cn/static/2020/c1201feed.html?ref
=&channel=&cid=5fd4378b15fc6f5eb6048d54

【案例简介】

"国聘行动"是中央广播电视总台央视频响应"稳就业、保民生"号召所推出的大型公益融媒体招聘活动。央视频积极发挥新型传播平台服务社会的效能,疫情期间,为科学稳妥推动企业复工复产,以社会合力共促就业,发起大型线上融媒体招聘直播活动——"国聘行动"。如今,已经推出四季的"国聘行动"不断提质升级,截至目前,"国聘行动"累计参与直播宣讲企业超过 500 家,共入驻企业超过 4 万家,提供职位总数超过 359 万个,收到简历超过 1700 万份,就业信息累计总数达 127 亿次。2022 年,"春华秋实 国聘行动"荣获第三十二届中国新闻奖二等奖,并获"中国新媒体公益 2022 十大优秀案例"。

【案例解析】

诞生于特殊时期　主流媒体积极承担社会责任

2020 年年初，正是春季招聘的黄金时间。然而，受疫情影响，全国企业尚未复工复产，用人招聘笔试面试难以正常进行，全国 874 万应届毕业生和大量求职者也面临着严峻的就业考验。央视频继全网首发"两神山"慢直播火爆全网之后，也持续关注社会需求、承担社会责任，"春暖花开　国聘行动"大型"云招聘"活动应运而生。央视频把中央领导牵挂、部委重点工作、用工单位需求、求职者择业、媒体功能与社会责任等方面有机地结合在一起，同频共振，创造了主流媒体在疫情报道中独树一帜的公益活动品牌。

打造区域和主题专场　服务国家发展战略

国聘行动充分关注国家重大区域性发展战略部署，设计推出"长三角招聘专场""京津冀招聘专场""粤港澳大湾区专场"等 30 余个大型区域专场招聘，为区域发展吸引人才、聚集人才，成为区域经济发展的新动力。

此外还相继推出"北京冬奥倒计时一周年""一带一路""女大学生就业"等不同主题的特色招聘专场，开拓垂类资源、精准破解就业难题，为不同领域的求职者提供多样化的选择和就业机会，为不同行业提供应时应需的人才，将人力资源优势转化为人才优势。

总台 × 部委 × 企业 × 高校　全方位聚合资源

在"国聘行动"中，总台携手国务院国资委、教育部、人社部、共青团中央、科技部、全国妇联、国投人力等部委、单位，总台主持人化身就业推荐官走进高校、企业和人力资源服务产业园，走到大学毕业生和求职者的身边，切实为青年群体提供方向指引。

总台全球宣推力量聚合　各方一致好评成就初心

"国聘行动"得到总台各优质资源的支持，联动各频道频率和新媒体平台矩阵，全面推介，30 余次登上《新闻联播》，央视新闻频道《新闻直播间》、《晚间新闻》、财经频道《第一时间》固定板块进行"国聘行动"专场新闻报道，并在总台多语种广播、网站、新闻客户端和社交媒体账号进行推送，《非洲时报》、《葡新报》、西非在线、《俄罗斯报》、《每日钟声报》等海外媒体广泛转载报道。

"国聘行动"在有效组织下，中央部委单位、各地各级单位、大型国企民企、各地政府、高校纷纷加入，逐渐汇聚并形成合力，公益行动的品牌效益逐渐显现。求职者拿到的 offer 与各方好评，共同成就了这一大型融媒体公益节目的初心。

"好奇性式"文案

很多时候，好奇心是读者选择点击标题链接的核心动机，挖掘与撩拨受众的好奇心是内容创作永无止境的主题。有时，一个有悬念的标题能拯救一篇平平无奇的文章，一个有看点的封面能为视频贡献一次播放和转发。新媒体创作中时时想着好奇心的力量，能促使我们不断从人物、地点、时间、原因、方式、结果等方面设置悬念，凸显未知，从而让读者的头脑中不断浮现问号。把受众的好奇心转化成内容的传播力是新媒体运营者的必修功。

范例【文章】：AI写作是否会让文字工作者被替代？

来源：央视新闻（微信公众号）

时间：2023年2月

网址/二维码：https://mp.weixin.qq.com/s/aMEzgwm

LlRI4FN8DKsbYOw

【原文节选】

近段时间，"AI写作是否会让文字工作者被替代？"成为人们关注并持续讨论的话题。ChatGPT能写古诗、现代诗，也能创作有逻辑的短篇小说，让人难免怀疑如此一来苦练写作是否还有意义。

它的实际创作水平究竟如何？文笔是否流畅？为此，《夜读》向ChatGPT询问了一些文学与写作的问题，涉及名著仿写、诗歌命题、文本解读等方面的提问，感受它的"创作能力"和"逻辑自洽"，同时思考这个问题：

一个写作者的核心竞争力究竟是什么？

一、30字以内，写出一个引人入胜的故事。

ChatGPT答：

1.一个普通人意外获得超能力，但新能力引来诸多问题，必须靠自己解决。

2.年轻的探险家在神秘岛屿，发现了一个失落文明，决心揭开它的面纱。

网友答：

1."对不起士兵，鞋子不能只买一只。"

2.六斤五两，五十二斤，一百二十斤，九十六斤，五两。

······

七、请依据你对刘长卿"柴门闻犬吠，风雪夜归人"的想象，写一篇150字以内的微型小说。

ChatGPT答：

寒夜归途，一只野犬的叫声打破了孤寂。少年顿觉生命中漫长的孤独和无助，仿佛自己就是那只迷路的野犬。他提起沉重的步子迈向前方，决定为自己寻找出路。

途中，狂风呼啸，雪花翻飞。他步履艰难，终于，柴门出现在他的视线中，一盏灯光温暖地映照着他孤独的身影。他抬起头，仰望天空，感谢命运能让他找到这样的归宿。

【案例解析】

有时候创意的张力和新鲜感比选题角度、写作技巧更重要。

这篇案例文章准确地捕捉到了文字工作者们面对 ChatGPT 的焦虑心态和胜负欲，还有大众的好奇心，于是策划了一次向 ChatGPT 发起的文字挑战，向其询问了一些文学与写作的问题，涉及名著仿写、诗歌命题、文本解读等方面的提问，考察"创作能力"和"逻辑自洽"。赛程分两段，1—6题是网友与 ChatGPT 的文笔对决，双方针对同一个问题分别作答，对比答卷。7—10题考察 ChatGPT 的文学想象力和文本解读力，由 ChatGPT 单独作答。

　　案例文章的文字原创力度非常小，也不需要什么技巧运用，妙处就在创意。至于是谁出的题，题目科学严谨吗？谁在意呢。人类和人工智能的文字能力究竟孰高孰低，真的重要吗？不重要。文字工作者真的难倒了 ChatGPT 吗？不尽然。但这不是实验，而是体验。文章本质上不过是借 ChatGPT 的热度，替读者做了一番试用，满足大众的好奇心。可见，新媒体要追"新"，传播"新"，出色的创意策划同样能创造传播佳绩。

范例【文章】：长安街华灯，为何能长亮 60 年？

来源：人民政协报（微信公众号）

时间：2019 年 4 月

网址 / 二维码：https://mp.weixin.qq.com/s/BTelsU7Odo8bV
HLZwEjNeQ

【原文节选】

华灯被称为"华夏第一灯"，始建于新中国成立 10 周年庆典前，至今已历经一个甲子。一基基华灯让夜间的长安街灯火通明、流光溢彩。天安门广场游人如织，长安街行人匆匆，可人们几乎不会注意到，这一注视着他们的基基华灯总是清洁如新、灿烂夺目，当然也注意不到一群普通而神秘的劳动者——"华灯班"，他们悉心维护着长安街每一基华灯，就像呵护他们的孩子一样。

"1959 年，中华人民共和国成立十周年前夕，华灯由周恩来总理亲自定名，与首都十大建筑同步建成。目前共有 253 基华灯矗立在天安门广场，包括 110 基莲花灯和 143 基棉桃灯。"陪伴了华灯 38 年的"华灯班"第四任班长孟庆水介绍。

60 年来，华灯的造型没变，光源却不断更新换代。从最初的白炽灯、自镇流高压汞灯，到如今的电磁感应无极灯，华灯的光源功率一降再降，亮度却一路提升。

60 年春华秋实，守护华灯的"华灯班"也于 2018 年过渡到了第五代。

为了迎接国庆盛典，确保华灯正常运行和外观清洁，每年 6—9 月间，"华灯班"都要对华灯进行一次集中清洗和检修。员工们要登上 253 根灯杆，把 6000 多盏灯一一拆卸、擦拭、清洗、安装、加固、维修，并对华灯的光源、线路、镇流器、保险等进行核对、记录。"三伏天里，十多人的小团队登上高车，12 米的高空作业没有任何遮挡，在 30 平方米的检修平台上得像绣花儿一样为华灯'洗刷刷'，每个人必须严格按照交通指挥疏导、华灯车操控、灯球拆卸、灯球清洗和检修作业等环节精准完成。""华灯班"新班长陈春光说。

【案例解析】

2019 年是"华灯班"成立 60 周年，案例文章要对这个有纪念意义的年份进行宣传。虽说"日出，华灯闭，国旗升；日落，华灯启，国旗降"。但在普通民众的认识里，"华灯班"的知名度和受关注度恐怕远比不上每天上演升旗仪式的国旗班，因为工作形式不同，"华灯班"工作人员很少被群众围观，自然显得神秘。如何从标题开始就能引起读者的兴趣，并且有耐心地读下去，是处理这一素材的难题。文章从"华灯班"的创建历史入手，点出人民爱戴缅怀的周恩来总理，用"总理亲自定名"强调党和国家对"华灯班"的重视程度。用问句引导阅读兴趣。正文将大家并不熟知的五代"华灯班"历史、"华灯之歌"创作历程、五代华灯车的迭代更替等信息呈现给公众。选题巧妙，人物典型，故事感人，通过五代"华灯人"的"华灯情"，扎实展现了中国"华灯魂"，五代人的接力故事，有效将历史与当下串联，映射出了很强的时代感，照亮了更多人的心田，是小人物反映大主题、小故事折射大时代的典型作品，报道获得第三十届中国新闻奖三等奖。

范例【文章】：豆瓣 9.1，可惜下架了

来源：影探

时间：2022 年 7 月

网址 / 二维码：https://mp.weixin.qq.com/s/aYAumiM-9H_Vj
MjE1jrhwQ

【原文节选】

一九二几年。

绵延的长城尚未遭到日军炮火的袭击，骆驼队正昂着头优哉游哉地踩进北京城，驼铃晃动出清脆的响。

大街上被押送的死刑犯，神气凛凛地冲街头看热闹的百姓喊："诸位老少爷儿们，给咱来声好。"人群便爆出一声"好"。

有人钻出来端碗酒往囚车上敬。

小人儿英子跟着大人一块儿瞧。

寻常百姓寻常地活。

早饭稀粥、油条、烧饼，平日也剐一碗黏稠的油酱；磨剪子抢菜刀，剃头挑子四处逛，有打糖锣的，有卖切糕儿的……

胡同最前头一家叫惠安馆，腾了几间房做旅馆生意。

惠安馆里有个疯女人，说是早年跟一个租房的男学生好上了，结果男学生被抓，过段时间发现自己有了身孕，躲出去生

完，被她爸妈瞒着扔在了齐化门城根儿。

人就疯了。

小孩都怕那疯子，英子不怕，她觉得那女人笑得好看，知道她有个孩子叫"小桂子"，知道她叫"秀贞"不叫"疯子"。

"你说我是不是疯子？人家疯子又在地上捡东西吃，又打人。"

秀贞干干净净，不发疯不打人。

英子听到秀贞哭，就拍拍她说：

"我喜欢你。"

"我也喜欢你。"

……

【案例解析】

标题《豆瓣 9.1，可惜下架了》设置了两个悬念引发读者的好奇心。一是这部 9.1 分的作品是什么，是读者所熟悉的吗？是新片子还是经典作品？二是因何下架？

与影视剧相关的新媒体选题一直很受创作者欢迎。不论是经典作品、热门 IP、热播作品，不论受到好评还是恶评，只要有观众、粉丝、讨论度，明星大咖、话题性，就容易为文章建立流量基础。

案例文章介绍了改编自林海英同名小说的经典老电影《城南旧事》。经典的小说和影视剧本身就拥有成熟的故事内容，可读性经受住读者和时间的考验，因此文章大胆地用将近三分之二的篇幅大致复述了故事的主要情节。文章把情节分成三段，选取疯、偷、别三个关键词引领三大部分的关键情节。随后，介绍了作者林海音、导演吴贻弓、英子扮演者沈洁三个人物，从援引三人的话和经历，穿插叙述了小说创作心得和电影拍摄的幕后故事。作为对经典老电影的致敬，文章格外注意展示时间的跨度，时间节点包括故事背景的上世纪 20 年代，小说出版的 60 年代，电影拍摄的 80 年代，林海音去世的 2001 年，吴贻弓去世的 2019 年，等等。文章尾声有意回扣《城南旧事》结局的"别"字，以主创们陆续辞世结尾，故事与现实交汇，忧伤淡淡，意蕴绵长。

范例【文章】：妈，天气咋就这么冷呢？

来源：中国教育报

时间：2016年1月

网址／二维码：https://www.sohu.com/a/56116144_120074

【原文节选】

接下来，你家熊孩子的问题你回答得了吗？"妈，今天天气咋这么冷呢？"

好在小编发现了果壳网的机智回答，这就教你几步机智化解难题，营造出"高大上"的父亲大人、母亲大人的形象。

冻成狗的冬天，如何优雅地做一名父亲大人／母亲大人。

step1 北极女王：管他时光流逝，管他四季变换，我一般都蜗居北极。

冬天降温一般是为什么呢？寒潮来了呗。

但这次来的可不是什么简单的寒潮，而是北极涡旋。

你问我什么叫寒潮？百度百科是这样解释的，"寒潮是一种大型天气过程，就是北方的冷空气大规模地向南侵袭我国，会造成沿途大范围的急剧降温、大风和雨雪天气，一般多发生在秋末、冬季、初春时节……"总而言之，就是从寒冷北方来的冷气，她一来，你就浑身发凉。

那涡旋又是个什么鬼？

官方一点说，指一种半径很小的圆柱在静止流体中旋转引起周围流体作圆周运动的流动现象。如果还不懂，就想想龙卷风吧，涡旋玩大发了，就会升级成这玩意儿。

这回，不难理解北极涡旋是什么了吧。从北极来的还带着北极寒冷气息的流动的气流。

不过，她老人家早就在北极买了房，一般都在家里好好休养生息。以往在我们大中国过境的那些寒潮，不过都是她的虾兵蟹将，抽空出来遛个弯儿。

所以，颤抖吧，人类。

……

【案例解析】

这篇案例文章最大的特点是依托其他科普资料做具有平台特征的二次创作。通过设问引起读者的好奇心和阅读冲动。在新媒体文案写作中，经常会遇到一些创作问题，例如某领域的专业供稿不足，内容专业度过高或枯燥，平台受众对话题的关注角度独特等问题。需要平台根据选题、立意或者受众独特性去收集大量素材做资料型写作。从大量资料中挖掘好奇点，尝试趣味性表达。

案例文章站在家长的视角，在开头模拟了一个情景：孩子问父母为什么今年冬天这么冷？家长需要用孩子能听得懂的语言讲清楚冬天发生的气候现象。把受众带入该情景，再用诙谐和拟人化的语言，把寒潮、涡旋等气象名词解释成"有脾气"的大人、女王，把冷空气的南下形容成女王出行的路线，把寒潮南下形容为"鸠占鹊巢"，等等。同时，配合内容插入手绘小漫画，图文结合，通过这些处理手段解释了北极涡旋形成、南下、降温的过程，并提示防寒保暖，预告天气回暖的时间。通篇语言活泼生动，把简单的科学原理做故事化处理，生活化气息浓厚，虽是给父母阅读，却在语言上匹配了低龄人群的理解水平，科普的同时还满足了父母向孩子做二次传播的需求。

范例【H5】：他的日记为啥被国家博物馆收藏

来源：湖北日报客户端

时间：2018 年 6 月

网址 / 二维码：

【案例展示】

《一位驻村干部的日记》

姓名：李江陵

个人档案：湖北省经信委驻罗田县风山镇上石源河村扶贫工作队队长、村党支部第一书记。

李江陵进驻村里以后，坚持每天写工作日志、民情日记、学习笔记，14 个月写满四个大本子，有 3 万多字。2018 年 1 月，他的驻村工作日记被中国国家博物馆正式收藏。

"一定要给这些幼小的孩子找到母爱！"

上石源河村有些留守儿童，一年甚至几年见不到爸爸妈妈，都靠七八十岁的爷爷奶奶看管，实在可怜！

李江陵驻村以后，看在眼里，急在心上。他对全村留守儿童情况进行全面摸底，然后向省经信委领导汇报，并按照委党组意见，向全委发出了"情系留守儿童、乐做爱心妈妈"的倡议。省经信委 7 名机关处级干部，先后为村里 15 名贫困留守儿童当起了"爱心妈妈"，为留守儿童献爱心，送温暖。

"这样的特困不脱贫，全村何谈脱贫？"

精准帮扶特困家庭妇女，是驻村工作队的一项重点工作。当李江陵得知罗田百家新制衣厂需要招工扩大生产，主动找工厂老板，多次上门协商。工厂老板被他的真情所打动，同意到上石源河村开办服装加工点。上石源河村 50 多名留守妇女得到了家门口就业的机会，她们可以"自由"地上班，照顾家庭和打工挣钱两不误，每个月可以拿到接近 2000 元的工资。

……

【案例解析】

案例作品是一个图文展示类 H5。标题将好奇点落在两处——这个"他"是谁？他的日记记载了什么，有什么特别之处值得博物馆收藏？

2018 年初，湖北日报记者在践行"四力"要求，深入基层"抓活鱼"的过程中，发现湖北省经信委驻村工作队长李江陵的驻村工作日记被国家博物馆收藏一事，策划进行了多角度的全媒体采访。该 H5 用文字、照片、漫画、音频、视频相结合的形式，对人物报道做出综合呈现，荣获第二十九届中国新闻奖三等奖。

H5 的文案具有主流媒体人物报道的常见风格，用普通人的普通事反应大时代、大主题。文案中的事例选举注重典型性，由于 H5 画面的文字体量限制，只保留最打动人心的人物事迹、细节和金句，有血有肉，言简意赅又不失厚重，是深度报道、典型报道主动适应新媒体传播特征和读者阅读习惯的有益尝试。

在 H5 画面设计上，紧贴李江陵"工作日记"的关键元素，将整个画面设计成书桌上的笔记本页面，文字、漫画、照片和音视频素材都以笔记本为展示范围，将用户带入李江陵真心真情写日记、踏踏实实做工作的情景。作品还特别设计了一张彩色弹幕画面，画面背景是人物的真实工作照片，前景飘过若干条弹幕，内容是网友对李江陵的称赞，画面设计具有新媒体感。

在交互方面，H5 作品主要以点击翻面的形式展示每一页内容，页面内以点击展现的原声音频、文字、视频等方式，处理折叠内容的露出问题。作品最后还设计了一个交互活动，画面展示了若干个古朴大气的书签，上面的文字均与李江陵事迹相关，用户任意选择一个书签，进入生成页，增强交互感和获得感。

范例【H5】：高手在民间

来源：人民日报

时间：2019 年 5 月

网址 / 二维码：

【案例展示】

开篇

神秘老人：少侠请留步，我看你骨骼精奇，有本武林秘籍传授给你。

（交互按钮：点选"愿闻其详"）

部分武功招式与现实职业

如鱼得水：隐匿身份，潜入水底，与水合二为一，召唤神兽护体，逆势反冲，巧妙将劣势化为优势。——鲸豚驯养师（水中驯兽）

惊涛无量：刚柔并济，汇聚一股合力，在水中形成漩涡，一

旦捕捉到目标，势如排山倒海。——清洁工（疏通下水井）

力挽狂澜：释放所有潜能，形神一体，雷霆万钧，力能扛鼎，使对手无还击之力。——体育生（练习举重）

四面拂柳：掌法浑圆连绵，极快变换手型，看似温柔，却又犀利，使对手无暇进攻。——舞面人（做飞饼）

乾坤一掷：任何东西到了手边都能成为武器，无人可挡，精准出击，百发百中。——搬运工（装货）

河东狮吼：前脚先步后脚紧随，腾挪矫健，蓄势一发，力贯千钧。——舞狮人（表演）

行云走雾：心系一线，飘忽若神，动无常则，若危实安，在极险峻的地方也能轻如燕，稳如山。——电力工人（高空作业）

绝渡逢舟：坚如磐石，不屈不挠，泰山崩于前而不变色，危难之时亦可绝处逢生。——交警（暴雨中涉水转运学生）

一步登天：以点为支，一气呵成，飞檐走壁，妙步生花，迅速到达制高点。——消防员（顺绳索攀爬）

【案例解析】

高手在民间，民间有哪些高手？我的职业在不在高手的行列？我属于哪类高手？一共有多少类高手和武功招式？对这个H5作品"上头"，不断刷新尝试的用户大抵都抱有这样的好奇。

该案例由人民日报与快手短视频联合推出，是一款视频类H5。该案例的创意策划来源于劳动节，作品将武林高手这一江湖传说与现实生活中普通的劳动人民的个人高光时刻相结合，建立了看完一段短视频就习得了一套功法的设定，传达了"每个努力打拼的劳动者，都是身怀绝技的大侠"的观念，在特别的日子里，向每一个平凡而伟大的劳动者致敬。

作品最大的亮点是精彩的文案与交互设计的巧妙配合。先说文案部分，该案例中，每一职业对应的文案都犹如一条有趣的谜语，招式名称与描述构成了谜面，率先出现，随后的短视频则构成谜底，揭晓招式对应的职业，二者相辅相成，给读者带来新颖有趣的阅读体验。例如，一招白鹤亮翅，"先发制人，掌控全局，此时无声胜有声。"仿佛是博大精深的奇功，结果再看短视频揭晓谜底，原来描述的是手语老师在舞台下指挥听障演员们表演。虽出乎意料，但代入职业细品招式，又句句合情合理。每一个招式的秘籍和短视频都形成了这种巧妙的对应，令人欲罢不能，愿意多次刷新，以期刷到所有招式。再说交互设计，用户虽有了看全所有招式的阅读欲望，偏偏H5的交互展示逻辑是随机的，即招式的总数量是多少，并没有显示在H5前端页面，刷新是随机的，在用户多次观看的情况下，已经出现过的招式可能重复展示，但尚有未知招式从没出现过。内容的趣味性与交互的随机性双重提升了用户的好奇心，有利于延长其在H5中的停留时间，增加互动点击频率。可见，设计交互操作并非只有方便操作一种思路，若设计得当，可与内容、视觉效果等要素相辅相成，生成意想不到的使用体验和传播效果。

范例【动画视频】：三星堆国宝大型蹦迪现场！3000 年电音乐队太上头！

来源：川观新闻客户端

时间：2021 年 3 月 20 日

网址：https://cbgc.scol.com.cn/news/1025099

【案例简介】

2021 年 3 月，三星堆遗址新一轮考古发掘"再醒惊天下"。川观新闻推出以《我怎么这么好看（三星堆文物版）》MV 为主体内容的融合报道《三星堆国宝大型蹦迪现场！3000 年电音乐队太上头！》，引发全网关注。将三星堆文物原创手绘动画与最新发掘现场视频结合，搭配有幽默四川方言的电音神曲，让古蜀文物在互联网上"活"起来，全景呈现三星堆新一轮考古发掘成果、历史价值和人物故事。

【案例解析】

主流媒体拥抱年轻化传播方式 开启创造性合作

视频作品通过多种融媒体手段，将 1986 年和 2021 年 3 月三星堆遗址考古文物面世的过程打造成三星堆文物群"堆堆乐队"在视频世界中开启电音派对的过程，让古蜀文物遇上电音，整个作品创意全新、充满惊喜。歌曲改编自深受年轻人喜爱的歌手大张伟的超嗨神曲《我怎么这么好看》，代表主流媒体主动拥抱年轻化传播方式，开启与流行元素的创造性合作，引发全网关注，曝光量超 7 亿，主流媒体用正能量赢得大流量，实现线上、线下的现象级传播。

展现内容创意与技术革新的完美结合

该作品内容表达新意十足，将三星堆文物原创手绘动画与最新发掘现场视频结合，搭配有幽默四川方言的电音神曲，融入赛博朋克特效，多元素融合反差萌，让古蜀文物在互联网上"活"了、火了。同时，作品创意与新技术应用实现有机结合，动画师数字手绘 23 件三星堆文物，兼容艺术性与真实性，视频采用 AE、Animate 等专业软件制作骨骼绑定动画，借助 C4D 制作出超清粒子效果，配合达芬奇调色，让文物在受众眼中更立体。

凸显人文内核 展现中华文化自信

考古工作是展示和构建中华民族历史、中华文明瑰宝的重要工作。考古本身就是让历史文献活起来，成为可以触摸的历史，让文物背后的历史文化被人民群众所熟知。2021 年是中国考古百年，这一创意作品再现 1986 年和 2021 年的三星堆遗址发掘现场，通过融媒体交互形式真正让古蜀文物在互联网上"活"了、火了。主流媒体用正能量赢得大流量，实现线上、线下的现象级传播。在海内外各大社交媒体和音视频平台呈刷屏之势，还被众多中小学校当作教学、活动歌曲。从曾经的绝美黄金面具，到如今的四川摇滚电音，蜀地的自信气质跨越千年，这一作品彰显了国家文化自信，活化了历史场景。

范例【视频】：纯手工打造三星堆黄金面具

来源：bilibili

时间：2021 年 4 月 12 日

网址：https://www.bilibili.com/video/BV16X4y1g7wT/

【案例简介】

2021 年 3 月 20 日，三星堆仅有半张脸的金面具残片引发关注。4 月 12 日，UP 主"才疏学浅的学浅"在 B 站上上传了自己制作三星堆黄金面具的全过程。他用 15 天，花费 20 万元，用500 克黄金，敲数万锤，纯手工打造三星堆黄金面具。因为黄金的特性，需要经过反复煅烧和捶打才能变成薄片，在这个视频里，UP 主重复了上万次的捶打动作，将块状黄金变成厚度只有0.4 毫米左右的薄片。之后他需要把薄片捏出人像的面容，但制作过程中也出现了困难，比如出现了一些褶皱和凸起纹路，直到他把脸部纹路全部做出来之后，褶皱跟纹路融为一体神奇地消失了。最终，在耐心打磨下，神奇的黄金面具诞生了。

该视频时长 11 分 56 秒，一经发出收获网友超多好评，在B 站内播放量超过 1697.9 万，弹幕超过 20 万，并得到中国文博等官方账号的转发引流，引起广泛关注与讨论。三星堆博物馆副馆长朱亚蓉为他的探知精神和动手能力点赞："他动手能力很强，是一个做文物修复的好苗子。"面对诸多赞誉，这名博主回应称："我觉得现在自己还是才疏学浅，文物工作者不仅要有技术，还要有历史知识，等我技术成熟了，希望也可以去修文物。"

【案例解析】

视频内容和选题极具吸引力

该博主在视频发出之前，就已经在B站发布了很多手工、diy相关的内容类别视频，积累了一定量的垂直受众。借助三星堆文物的热点，作者选择手工打造黄金面具这样新奇的体验，使得该视频取得很高的关注度。同时，视频的标题是：15天+20万元+500克黄金+敲数万锤+纯手工打造黄金面具，每一个点都极大地吸引着观众的好奇心，可以给观众很强的冲击力，该标题证明了视频传播中标题的重要性。很多用户被标题吸引，点进去之后，沉浸式参与到博主的制作过程，直到最终面具制作出来，给了用户强烈的满足感。

视频剪辑个性鲜明，叙事化表达充满质感

该视频具有强烈的个人风格，从制作视频的背景表述，到整个的手工制作过程，到最后的感想与思考，内容清晰且完整，即使该视频长达12分钟，不属于现在普遍的三五分钟的短视频时长，但因为内容完整、逻辑清晰，像故事一样层层递进呈现内容而充满质感。同时，视频将复刻的过程展现得十分有趣，角度很多，背景音乐节奏感强，并与视频巧妙结合，使得枯燥严肃的题材变得有趣且生动，增加了用户观看过程中的愉悦感。

B站弹幕文化营造独特氛围，感染用户

B站作为年轻人的集结地，还有一个很显著的特点就是弹幕

文化。在视频中，弹幕与音乐以及高潮过程很契合，极具感染力。"当年的工匠是以何等虔诚的心态小心翼翼地捶打着这份璀璨的黄金""这就是跨越时空的魅力"……让用户在该氛围里，更能沉浸到视频中去，感受到文物和文明的魅力。

范例【H5】：第一届文物戏精大会

来源：中国国家博物馆、湖南省博物馆、南京博物院、山西博物院、陕西历史博物馆、广东省博物馆、浙江省博物馆七大博物馆联合出品

时间：2018 年 5 月 18 日

网址：https://www.bilibili.com/video/BV1fp411Z7As/?spm_id_from=333.337.search-card.all.click

【案例简介】

2018 年 5 月 18 日国际博物馆日，为了宣传博物馆与文物，抖音与中国国家博物馆、湖南省博物馆、南京博物院、陕西历史博物馆、浙江省博物馆、山西博物院和广东省博物馆共同推出以"第一届文物戏精大会"为主题的 H5，同时还在抖音发出了活动 # 嗯～奇妙博物馆 #。

该作品在设计上，以七大博物馆真实的历史文物为主角，将千年的文物拟人化，让他们可以说话、可以动起来。在展现形式上，该 H5 以视频为主。

H5 点开首页，有"调高音量、好戏……这就开场"的小提示，点击后就仿佛进入了一个活灵活现的新世界，里面的主人公是活了过来的千年"文物"，他们不再是静静地待在那里，而是

具有了新生命，能够互相说话、能够唱歌跳舞、刷爆逗乐……精彩有趣的互动深受用户的喜欢。在页面的最后，展示了七大博物馆，这时候点击"下一部戏我来导"，即出现"打开抖音搜索＃嗯～奇妙博物馆＃"的相关提示，用户可以在抖音上参与相关的视频创作发布。

【案例解析】

用新奇有趣的方式，降低"博物馆"的门槛

在新媒体领域，有趣、新颖才能吸引用户的注意力。博物馆与文物，本身带有一种很高的门槛，与用户具有距离感，同时，新媒体短平快的节奏也很难让用户能够静下心来倾听文物背后的故事与经历。而本次 H5，一改博物馆带给人的沉重感，把文物拟人化，形象更加生动具体，让他们可以唱歌、舞蹈、对话，严肃的文物瞬间有了生机。通过活灵活现的"戏精大会"引发人们的关注与兴趣，巧妙地将当下的流行文化与传统文化结合起来，从而制造出新鲜感，拉近了文物与大众的距离。

给用户参与和讨论的空间，激发用户参与愿望

用户的参与与分享是作品火爆传播的关键。本次"戏精大会"H5 的操作给用户点击活动的尝试，同时，抖音还为用户提供了一个共创的环境，每个人都可以随时随地参与这场"戏精"的狂欢中，并积极通过社交分享传播作品。使得该作品以很快的速度刷屏网络。

网络"热梗"贴合网民，赢得用户的喜爱

短短几分钟的视频里，"热梗"不断，千年的文物都动了起来，不仅会跳舞，还会表演，"是时候表演真正的技术了""戏精""你看我这千年拍灰舞""比心""98K 电眼""受到了暴击""打

call""么么哒""中国的 icon""我们不红，始皇不容""总有刁民想害朕"等网络用语，浓缩了当下的超多热点。

剧情也是根据每件文物的特性进行定制，同时文物的表情都相当丰富，视频里魔性的配乐、舞蹈、对话、场景使该作品更加具有趣味感，吊足了网民的胃口，引发用户的分享欲，也将文物的特色与历史传达给了用户。

范例【漫画】：南方人说谎 VS 北方人说谎

来源：有趣青年微信公众号

时间：2019 年 4 月 18 日

网址：https://mp.weixin.qq.com/s/5_chf_vVVw1mtFAXpeDs-A

【案例简介】

2019 年 4 月 18 日，微信公众号"有趣青年"发布原创漫画《南方人说谎 VS 北方人说谎》。这组漫画，通过抓住南方与北方的不同特点、生活习惯的不同，以及信息差的不同，用"说谎"作为引子来绘制。比如，山东人的身高、广西人爱吃的螺蛳粉、四川人喜欢的麻将、重庆人所在的地势、广东人的红包、湖南人对辣的喜好等等，极具代表性的特点，直接激起了用户的兴趣，引发读者共鸣。

有趣的文案、有趣的场景、有趣的图画、有趣的对比，使得这组漫画一经发出，用户就纷纷转发，开始在朋友圈刷屏。同时，该组漫画也获得人民日报等大号的纷纷转载，引来极高的关注度。# 南方人说谎 VS 北方人说谎 # 更是直接以话题的形式登上微博热搜，该话题阅读次数达到 2 亿多，讨论次数超过 1.7 万，大家纷纷留言表达自己眼中南方人与北方人的差异，以及不同的个性、习俗与特点，引发广泛的热议与讨论，促进了对各个省以及南北方彼此的深入了解与互动交流。因为该组火热出圈的动画，使得"有趣青年"这一IP以很强大的影响力出现在大众眼前。

【案例解析】

选题策划充分洞察社会现象

有了好的选题，文章也就成功了很大一部分。有趣青年没有刻意跟着热点走，而是静下心来观察并思考某类人群或者是某种社会现象。编辑团队敏锐地洞察到南北方各个省份的特色与差异，并将内容与"说谎"这一词结合起来，既符合该公众号年轻人的受众群体，也更具备可读性和有趣性，让用户从一开始就对该题目产生兴趣，并对内容产生极强的共鸣，增强传播力度。最能够打动人的、最戳中人的选题，一定是需要用心观察、用心去发现，并能够覆盖到大部分人群的现象或者是故事。

文案内容简洁、精彩又有趣

这组漫画的第一句就是直入主题的文案："这个世界上有一种话不能信，那就是每个本地人对外地人说的鬼话。"简单的几句话，直接呈现了文章的主题，用轻松有趣的方式，并且引发用户的共鸣。同时，在文章中对各个省份"鬼话"的呈现，都是用很简短的对话，直截了当地呈现出每个省份最突出的特色，有趣的同时，与用户产生情感共鸣，从而引发用户分享与讨论的欲望。

漫画场景与文案相辅相成

作为以原创漫画为主要特点的公众号，该篇内容视觉上有很强大的表现力，与文案相辅相成。比如对于螺蛳粉臭味的表现，不用文字，直接用捂住鼻子的肢体语言就直观地表现出来了；对于山东人身高的表达更是通过几个人站在一起的图画直接就可以感受到。简短的对话与有趣生动的图画相结合，更具有可读性，用一种轻松的方式直接地将内容和观点传达给用户，达到良好的传播效果。

"故事力式" 文案

故事是一种历史悠久、生命力旺盛的文学形式。新媒体时代，内容的传播力和影响力往往与故事是否打动人、吸引人相关。新媒体写作中，我们可以用当事人、旁观者、全知视角等各种角度讲述故事；塑造人物可以勾勒群像也可以聚焦个人；故事内容可以天马行空也可以立足现实。通过人物的塑造、悬念的设置、矛盾的呈现来强化故事思维，精进叙事技巧，为平淡的内容增添波澜。当然，对于新闻媒体属性、政务属性明显的平台和账号，要注意新闻故事和文学故事的本质区别，先站定新闻的真实性、全面性、客观性等原则，再追求信息传递的故事力。

范例【文章】：孤独奋战 25 年，终于惊天逆袭!

来源：新华社

时间：2018 年 11 月

网址/二维码：https://mp.weixin.qq.com/s/t08-wCrFMFmbjHI

T0ZN_Sw

【原文节选】

曾面临绝境

曾遭遇鄙夷

一代人的牺牲与奉献

义无反顾地奋斗与钻研

这个奇迹仍在继续……

在中国

有一家叫京东方的高科技企业

默默奋战了 25 年

让中国告别液晶屏依赖进口的窘境

如今

全球每四台平板电脑

就有一块京东方生产的屏

全球每五部智能手机

就有一部是京东方的屏

一块屏幕撬动了一个产业

可谁能想到

这样一家全球半导体显示产业巨头

曾经只是一个濒临破产的电子管厂

让它成功逆袭的领军人物就是：

王东升

他就像一位孤独的探索者

引领企业从一无所有到供给全球

他思索着产业与时代变革的过去和未来

如今已是花甲之年的王东升

忘不了35岁时的自己

那一年

新单位给他在北京西单分了两套房子

他却决定：

把刚在手心里焐热的房子钥匙退回去

重新回到老东家北京电子管厂

临危受命的王东升

面对已经连续亏损七年的北京电子管厂

感到忐忑不安

但也觉得长期憋着的一口气

似乎可以吐出来了

王东升也曾纠结过：

新单位待遇优厚

我为什么要回头接一个烂摊子？

但是有个同事给他讲了一个充分的理由

就那几句话

让王东升不再犹豫

也成就了今天的京东方

……

王东升开始大刀阔斧地改革

他带领员工自筹资金进行股份改造

2000 多名员工

多的几千块钱，少的几百块

有的是准备结婚的

有的准备买家具的

还有的退休

大家凑了 650 万

说服银行把债务转成股份

就这样

北京电子管厂

成为北京东方电子集团股份有限公司

紧接着

空置的厂房出租、没有利润的设备变卖

员工关系放到市场

……

京东方就这样

在 20 世纪 90 年代国企改革的大潮中

一头扎进了资金投入高、回报周期长

技术难度大的液晶显示产业

……

【案例解析】

梨花体是新华社微信公众号常用的新媒体文体形式，特征是文字居中，频繁分行，保证一个短句、几个短语即成一行，全文几乎不使用句中句末标点符号。文字、图片结合紧密，有时还会插入长短视频资源。梨花体的全文内容一般会分成若干个小标题。文字浅白，句式简单。这种犹如现代诗一样的分行断句较适合手机屏幕显示以及碎片化的阅读习惯。

案例文章是典型的梨花体。以京东方创始人王东升为主人公，全文分为"为了一份情感留下创业""尊敬源于实力""孤独的传承者"三个小标题，以京东方自主研发液晶显示技术的过程为主线，按时间顺序讲述了王东升的创业决定、改制过程、核心技术研发困境和一系列的成就。文章从标题到内容都格外注意通过细节来深化内容，例如标题"西单两套房""25 年"等信息成功制造了冲突，文中气得捏酒杯把手割破出血等细节显现了王东升的情绪和决心。梨花体特别适合感性的内容，同时，由于格式的特殊性，在相同文字体量的情况下，梨花体比传统段落占用更多版式。因此，应格外注意细节取舍、内容控制和重点抓取，必要时可用加粗、变色等方式提示关键内容，利用图文结合调整阅读节奏，提高适读性。

范例【文章】：中国科幻的神，千万别毁他！

来源：影探

时间：2022 年 8 月

网址/二维码：https://mp.weixin.qq.com/s/B8npj8 Lv 26Ztc-WPjURBSg

【原文节选】

在此之前，亚洲科幻作家未有一人获得雨果奖，非英语系作品获奖的可能性微乎其微。

但获奖者刘慈欣没有去。

早在 3 个月前，《三体》入围星云奖，刘慈欣赴美参加，结果颗粒无收。

雨果奖提名后，他旁敲侧击地问主办方是不是必须去，得到的答复是可以不来。

这不就是没获奖的意思？

那么老远，还得花钱，索性没去。

事后回想，有些后悔。

……

某次，一行作家在杭州喝酒，聊到如何毁灭一座城市。

刘慈欣啪的一声将酒杯放下，说：

"先把杭州降到二维，变成一幅水墨山水画，再降到一维，变成一根细细的丝绸。"

话落下，大家的口哨、掌声便起了。

刘慈欣爱喝点酒。

喝酒后会显热情。

《三体》的影视改编权，就是在酒桌上卖给张番番，10万块，第二天怕他酒醒反悔，急忙速签合同，后来张转手卖给游族，1.2亿，赚麻。

问他后不后悔，他摇头：

"佩服其高远的商业预见能力。"

……

厂里福利不错，经常发东西，有钱都没处花。

但有些无聊。

所以此才决定写作。

他想着，好歹消磨晚上的时间，写东西赚不赚钱另说，起码不赔钱。

什么时间写呢？

当然是上班写！

刘慈欣每天盯着电脑，等系统报错再去维修，空闲时间多，还有间独立办公室，再用质量特差的液晶屏，稍微转下角度，别人进来也看不清。

天时—地利—人和。

就这样，他成了最强"摸鱼王"：

"利用工作时间写作，有一种占便宜的感觉。"

……

【案例解析】

这篇文章的标题具有一定的迷惑性，让读者误以为好像要讲述什么要紧的冲突或者危机，但通读全篇之后，我们会发现文章只是讲述了作家刘慈欣相关的几个碎片化故事，包括个人成长经历、观点理念、创作经历等。文章打破写人物故事常用的时间顺序，在人物的过去和现状之间反复跳跃，结构松散，由人物的几个故事点支撑：

- 《三体》获得雨果奖但刘慈欣本人并没有去现场领奖；
- 刘慈欣在酒桌上低价卖出《三体》的影视改编权；
- 以为自己不会失业但很快电厂改建被迫成为全职写作者；
- 上班时间"摸鱼"写作；
- 探讨人性话题、创作理念；
- 《三体》中的程心原本设计为男性；
- 科幻启蒙小说是《地心游记》；
- 在《科幻世界》刊载小说崭露头角；成名后生活平淡。

如何不按照常规的时间线，把人物写出彩？这篇文章的处理方式值得借鉴：围绕人物经历提炼若干个点，比如反差大的、有趣的、骇人听闻的，再比如普通人的"壮举"、名人接地气的举动，以及能激起读者好奇、愤怒、同情等情感的例子……可以把这些事例概括成一个个短句，形成若干条目的内容可以有承接关系，也可以只是相互并列。写作时尽量给每个条目以相对完整的叙述结构，同时不必过于在意每部分之间的过渡、呼应等写作技巧，这也是新媒体文章写作中很独特的一点。

范例【文章】：一个刑警队长的自述：真实的扫黑除恶，比《狂飙》更精彩

来源：十点人物志

时间：2023 年 2 月

网址 / 二维码：https://mp.weixin.qq.com/s/dAw7GjLMNjAwna 2GJVFuNA

【原文节选】

距离大结局播出已经三周了，但《狂飙》的热度仍在持续：人们拿着放大镜研究剧中的细枝末节，津津乐道其中的故事，李响的牺牲、安欣的一夜白头、杨健和张彪的误入歧途，至今仍令许多观众意难平。

不知道是否有人和我一样，看完电视剧，对真实的刑警生活尤为好奇——现实世界里存在安欣这样的警察吗？当卧底到底有多危险？一线刑警如何评价《狂飙》？

上周，十点人物志采访到了刑警刘星辰。刘星辰是"80 后"，现任东北某市刑侦中队长，从警 15 年，抓捕百余人，3 次荣获个人三等功。

我们和刘队聊了聊《狂飙》，对比了电视剧和现实的差异，听他描绘了从警至今经历的诸多奇案凶案，最后得出结论：真实

的扫黑除恶，比电视剧更精彩。

以下是他的讲述。

……

国产剧对警察总有一些刻板印象，好像年轻的警察一定要狂躁，一定要钻牛角尖，一定要顶撞上司，有事没事咱先刚两句（笑）。

但实际工作中，年轻警察是最沉稳的，因为他啥都不会，很茫然，在现场就是给师傅跑腿拎包的，侦察的时候主要看师傅怎么做，绝对不会有别的想法。反倒是岁数越大，资历越老的警察，遇到侦破不了的案件，往往是第一个狂躁的。你想，这么丰富的经验，都发现不了案件的破绽，这个打击是很大的。

……

【案例解析】

我们列举了许多写成功人士、主流典型人物、名人、新闻热点人物的新媒体案例，但很多时候还需要写普通人的故事。为了让普通人的选题脱颖而出，这篇案例文章使用了贴合热点的处理方式，主角刘星辰是一名普通的刑警，即没有被包装成屡破奇案的"神探"，也不是在某个大案要案中作为刑侦人员出场，文章要讲述的就是这样一位普通而又伟大的一线刑警的工作经历。案例文章的处理方式是通过"刑警"身份将刘警官与当时刚刚热播过的反黑刑侦剧《狂飙》产生联系，文章标题"真实的扫黑除恶，比《狂飙》更精彩"，戏剧照进现实生活，吸引了读者的阅读兴趣。

在内容方面，文章也努力加强现实刑侦工作与各种观众耳熟能详的电视剧情节的比较。文章主要有两大部分，第一大部分直接结合影视剧热点，刑警刘星辰从现实工作和专业角度去解读和评价《狂飙》的剧情逻辑、细节设置、真实性。第二大部分转入对刘星辰的采访内容，这是文章的核心内容，文字体量占比大。文章用三个小标题讲述了其当警察的过程、侦查技巧、目击案发现场、审讯犯人等故事。其中提到了影视剧中对警察的刻板印象等问题，处处突出现实里刑侦工作的不同之处。在不断加强读者认知或打破读者认知的过程中，讲出普通人的故事。

范例【文章】：一位 25 岁的模型玩家去世了，他的母亲决定继承他的遗志

来源：差评

时间：2022 年 10 月

网址 / 二维码：https://mp.weixin.qq.com/s/uOjpkR2924meycr
lhf9VEw

【原文节选】

闲鱼上，有家名不见传的模型小店。

店里常会挂出一些店主自制的"模型改件"，因为 3D 打印的手艺好，价格便宜，所以被不少学生党视为宝藏。

从这家店的主页看得出来，店主应该是个《赛博朋克 2077》粉丝，由于头像是久保带人的《龙与魔女》，没准儿还是个资深二次元。

然而，就是这样一个再平常不过的店铺，背后却有着不为人知的故事。

这家店的店主叫王任飞，25 岁，因心脏问题，已于今年 5 月 21 日去世。

因此，几个月前店铺突然停止了发货，客人发来的消息也没人回复。

就这样持续了一个多月，店铺又重新开始运营。

但重新开店后，作品质量却大不如前。有时买家收到的模型是错误型号，甚至还会开裂，像店主换了个人似的。

几个咨询电话打过去，对面传过来的，居然还是一个满怀歉意的中年妇女声音。

也许搁谁也想不到，接手这家店铺模型制作的，如今已是任飞 53 岁的母亲。

……

5 月 21 日下午，牛牛照常在工作间制作模型，却突然晕倒，后被家人发现。

发现时，牛牛手中正握着客户定制的"赛博朋克高跟鞋改件"，椅子下面掉落了一部手机，显然是有一通还没打出去的电话。

接着，阿姨立马赶来，呼叫救护车。

在等待救援过程中，她不停地做着心脏复苏，脑袋里想的，全是别错过黄金抢救期。

"我做得有些不标准，我真后悔自己之前没有记清楚步骤。"阿姨在和差评君讲述时，早已泣不成声，满是自责和懊悔。

……

【案例解析】

从几个平行结构、文段集锦的案例中我们能够发现，他人的经历和看法往往是创作新媒体内容的宝贵素材，不过，我们不可能每次都遇到有文字功底、有思想、会表达的供稿人，也可能没有精力和渠道去频繁做文段的征集，收到大量可用素材。很多时候，我们要采访形形色色的人物，以普通人居多，从他们身上挖掘有价值的内容，进行写作。

案例文章就是这样一篇稿件。故事的主人公是模型小网店的店主。为了提出最大的特别之处，文章在标题中就点明了店主的身份和经历：一位 25 岁的模型玩家去世了，他的母亲决定继承他的遗志。受访者即这位不幸痛失儿子又令人敬重的母亲。正文分三个部分，第一部分讲述模型店前任店主牛牛生前患病到不幸辞世的故事。第二部分是母亲决定完成牛牛遗留下来的订单，给买家发货。为了与儿子保留某种联系，寻找情感寄托，母亲开始了解儿子生前喜爱的二次元，甚至学习建模软件、胶佬手艺，把网店开下去，延续儿子的爱好和精神。第三部分采访者与受访母亲的交流细节，以及母亲的故事被传播后，网店的经营情况和母亲的生活现状。写出了一个可怜又可敬的母亲，也展现了网友对店铺和母亲的关爱，文章基调温暖感人，可作为采访和写好普通人故事的案例。

范例【H5】：大国工匠朱恒银：向地球深部进军

来源：中安新闻客户端

时间：2019 年 12 月

网址 / 二维码：

【案例展示】

导言：从理论上讲，地球内部可利用的成矿空间分布在从地表到地下 1 万米。目前世界先进水平勘探开采深度已达 2500—4000 米，而我国大多小于 500 米。向地球深部进军是我们必须解决的战略科技问题。

《向地球深部进军》

四十四年山河间，

一万余日无人烟。

无论山崩地裂，

还是重镇塌陷。

钻头有声，

而他，无言。

愚公移山并非传奇，

是日复一日的极致。

故事一：上海地铁四号线隧道重大塌陷事故

"我叫朱恒银，今年 64 岁，

来自安徽省地矿局 313 地质队。

我用了 44 年时间与地球打交道。

我有一个梦想，为国找矿，向地球深部进军！"

（插入短视频、个人荣誉、相关新闻报道的标题）

2003 年 7 月 3 日中午，时任上海市地质调查院院长陈华文，拨通了朱恒银的电话。

"不好了，朱教授，我们这边出事儿了！需要您的救援！"（搭配配音）

险情就是命令！接到电话后，朱恒银抽调队员火速抵沪，参加抢险。

七天七夜鏖战，29 个矿孔。4 号线隧道地面塌陷重大事故抢险工程，保护了上海市人民群众的生命财产安全。

挽狂澜于既倒，

扶大厦之将倾。

隆隆的钻机声，

是队员们焦急的呼声，

灌下的泥浆，

包含了所有人的期待！

（插入朱恒银的原声讲述、相关单位的情况简述文件。故事一结束）

……

【案例解析】

该案例是一例长图视差滚动漫画类的 H5 作品，为传播和展现先进人物故事，弘扬科学精神、时代精神，讴歌改革先锋，科普地质研究知识而策划制作，是主流媒体融合创新报道的优秀案例。

案例在文案方面显示出传统媒体的文字处理能力和故事讲述技巧。文章主题内容以钻孔深度为线索，从三个地质小故事出发，生动形象地展现出大国工匠朱恒银的匠心精神，致敬七十年来一代又一代科技工作者为国家经济建设和社会发展所作的努力。故事既有可读性，又有感染力。另外，作品里的每一个数据和信息都由安徽省地矿局把关，内容精准，显示出行业新闻传播的严谨性、专业性。

在视觉设计上，案例以孔雀绿、纯白为主色，搭配橙黄色，点缀简单的动态效果，以铜矿、钻头等特色地质元素引领画面转场衔接。H5内嵌入文字、图片、音频、视频、动画等元素，融合了快闪、手绘长卷、动画、一镜到底等表达方式，利用口述、独白、科普等内容，讲述朱恒银教授在不同事件和工作时期的优异表现，反映出我国地质工作发展不同阶段的发展成果。长图主要以上下滑动实现交互，个别地方通过点击、长按等方式获取隐藏的音频、图片、文字等信息要素，互动操作简单，进度可控度高，阅读体验的自由度高。

H5推出之后，先后被人民日报党媒平台、新华社、光明网、学习强国等中央媒体转载，累计阅读量超过657万次，产生了现象级刷屏效果。该作品获得了第三十届中国新闻奖二等奖。

范例【H5】：长幅互动连环画 | 天渠：遵义老村支书黄大发 36 年引水修渠记

来源：澎湃新闻

时间：2017 年 4 月

网址 / 二维码：

【案例展示】

"为了水，我愿意拿命来换，
沟没有修好，
不好说自己是共产党人，
只有埋头苦干，
把家乡建设好我才放心。"

黄大发

开篇：一道万米水渠

36 年建成

过三个村子

绕三重大山

穿三处绝壁

越三道险崖

一位村支书

用一辈子的时间

彻底打破了村庄

干渴的"宿命"

带领千余人打开了

脱贫致富之门

正文：王坝村常年缺水

庄稼旱死在地里是常有的事

当年歌谣云

草王坝是个名

包沙饭哽死人

土多田也多

过年难找米汤喝

他叫黄大发

自当上村支书那天

他带着村民从 10 公里外引水

开始修建"红旗水利"

然而，由于技术缺乏等原因

导致坝体不得不一次次重新改道修造

山洪、炸药用量不准，村民还会因为怕漫渠把修好的渠挖塌。

（点击出现音效：山洪、爆炸、流水）

修修补补十余年

种种原因之下

"红旗水利"还是以失败告终

人心一下就散了

一搁置就是十余年

但黄大发一直没断过心思

为学习水利知识

他买了《新华字典》

一个字一个字地认……

连年递交修渠报告无果

1990 年冬，黄大发两天走了 100 公里路

大雪天穿着露着脚趾的解放鞋

来到了水利局副局长家门前……

为了带头凑齐一万元押金

黄大发问女儿借来了婆家给的彩礼钱

还挨家挨户走遍 7 个村民组征求意见

村民失去了信心，连黄大发的舅舅都冷言以对："你第一次都修失败了，你第二次要是能成功，我就用掌心煮饭给你吃。"

"如果水没有修过来，我就把名字倒着写。"黄大发说完转身离开。

……

【案例解析】

该案例是长图类 H5，融合了多种报道形式，全景展现了黄大发带领老一代修渠脱贫、带动新一代致富的历史长卷。案例创新了主旋律报道、典型人物报道的表达方式，取得极好的社会传播效果，荣获第二十八届中国新闻奖一等奖。

案例的设计突出了人物故事的真实度和朴实感，首先，人物形象绘制高度写实还原，无论是年轻时的意气风发还是 60 多岁花甲老人的沧桑辛劳，都通过手绘漫画精准展现，生动传神。H5 整体以黑白灰为主色调，点缀以暗金色，视觉元素丰富而不凌乱，富有层次感，重点突出，稳重大气又不失活跃的细节，给了读者更全面立体、更轻松、更震撼的视觉体验。

该案例的文案内容与交互设计高度契合，别具匠心。H5 产品以水为主线，用下拉式长幅连环画、渐进式动画、360°全景照片、图集、音频、视频、交互式体验等多种报道形式。这些形式大多通过交互设计实现错落有序的展开与呈现。其中，文案的主要作用是保持人物事迹的完整讲述，而其他报道形式的运用，充分补充了文字未尽之意，几种内容相得益彰。

例如，文案在开篇背景介绍中提到当地传唱的歌谣，侧面展现了自然环境之恶劣。此处，交互设计插入了一段黄大发清唱歌谣的音频，唱腔朴素苍凉，仿佛把用户拽回到了当时当地的田地沙土间。又如文案描述绝壁"擦耳岩"之凶险，此处用户可通过点击交互，跳转 360° 全景实拍照片，身临其境直面悬崖之陡峭，胜过文字千行。案例中的多种报道形式在妥当的交互设计下，相辅相成，达到每种报道单独为之都难以实现的传播效果。

范例【视频】：张玉环杀人案再审改判无罪 前妻：欠了 26 年 我非要让他抱着我转

来源：新京报

时间：2020 年 8 月 6 日

网址：https://mp.weixin.qq.com/s/IMd1hkW7u2pnWjBaUl11Kg

【案例简介】

张玉环多年前因被指杀害两个孩子被判死缓，2020 年 8 月 4 日，江西高院再审宣判张玉环故意杀人案，以"原审判决事实不清，证据不足"，宣告张玉环无罪，予以释放。至无罪宣判当天，他已被羁押 9778 天。

多年来，张玉环的家人一直坚持申诉，从未放弃，其中也包括她的前妻——宋小女。在张玉环被羁押的 27 年间，宋小女不断地去往各地各部门上访平反，为养活两个儿子，她四处打工维持生计。终于，这个错过了 27 年的男人被她等回来了。张玉环回到家里后，见到了阔别 26 年的前妻宋小女。因为过于激动，宋小女一度晕倒。在接受采访时，已经 50 岁、皮肤黝黑的她笑中带泪，对着镜头说，张玉环欠她一个期待已久的拥抱。这个画面令很多人为之动容。

"他还欠我一个抱。这个抱，我想了好多好多年。我非要让他抱着我转。"

"他应该抱我，我也应该抱他。"

"要抱。真的。"

后来，张玉环依旧没有给宋小女一个拥抱。

他只是满眼泪光地握住宋小女的手，宋小女却依然像个少女一般，说，你要记住，你欠我这个拥抱哦，是从 1993 年到 1999 年的拥抱，从你走的那一天一直到我每次去看你，这个拥抱就在我的心里。

张玉环说，他理解她的难处，也不怪现在的处境。不给她拥抱，是害怕她情绪激动又被送进医院，只能强忍了。

【案例解析】

硬性新闻，柔情报道

在"张玉环案"的海量新闻报道中，"我非要让他抱着我转"这一报道无疑是最令人印象深刻的作品之一。这则视频是典型的以"人"为角度来完成的报道，作品以"第二落点"的视角来把握新闻价值，聚焦了新闻当事人之外的"关联人物"，题材和角度独家、独到。更为可贵的是，通过"前妻"这个"关联人物"揭示出可贵的人性力量，宋小女之所以能够如此受到关注和聚焦，在于其命运、性格和精神最能让受众动情，既形成关注和影响，更耐人寻味和慨叹。

走进人物、关注细节、传递情感

从宋小女的新闻效应来看，她作为张玉环的关联人物，其自身体现出了极大的新闻价值和挖掘空间。作品捕捉到的最打动人心的细节，发挥了"四两拨千斤"的作用。视频获得了广泛的转载转发，宋小女在访谈中的神情动作还被做成动图表情包在自媒体上传播，戳中了受众的泪点。由此，要挖掘出新闻价值，需要在"人"这个字上下功夫，只有报道出有人情温度、人性高度、人心深度的新闻作品，才能打动受众、赢得受众。

范例【视频】：后浪

来源：bilibili 原创策划

时间：2020 年 5 月 3 日

网址：https://www.bilibili.com/video/BV1FV411d7u7/ ?spm_id_from=333.337.search-card.all.click

【案例简介】

这是 2020 年五四青年节前，B 站献给新一代年轻人的宣言片。该短片由 B 站公关团队策划，与主流媒体一起发布。该策划想在五四青年节，给青年人传递正面力量，说一些认真的话。演讲人是深受年轻人喜欢的北京人艺国家一级演员何冰，他走上舞台，以《后浪》为词，激情澎湃的对话配上 up 主们的青春混剪视频，表达对年轻一代的认可、赞美与寄语，展现年轻人身上的光芒与希望。同时，将对年轻人的寄语放在科技繁荣、文化繁荣、城市繁荣的时代背景下，展现正面积极的意义。视频一发布就立刻火了起来，三个小时观看量破百万。"后浪"这一词也瞬间成为热词，引发人们争论。

部分文案节选——"你们有幸遇见这样的时代，但时代更有幸，遇见这样的你们。""那些口口声声说一代不如一代的人，应该看看你们，像我一样。""不用活成我们想象中的样子，我们这一代的想象力不足以想象你们的未来，如果你们依然需要我们的祝福，那么，奔涌吧，后浪，我们在同一条奔涌的河流。"

【案例解析】

跨代际交流，强化对青年的认同

《后浪》以何冰老师的微演讲来呈现内容。从"那些口口声声说一代不如一代的人，应该看看你们，像我一样"出发，将一直以来存在的代际冲突呈现，而这次的深度交流，足够认真、足够正式、足够真诚。从一开始就把冲突转化，将青年宣言，用中年人的视角、中年人的认可、中年人的表达来呈现，细数青年"后浪"的特点：学习能力强、思想开放、敢于创新、自由探索兴趣等特点，用满怀羡慕、满怀敬意、满怀感激来表现，更表达出对青年群体的认可，也更让人愿意相信、愿意听见。

宏观叙事，赞美时代下的青年

《后浪》中不仅仅是赞美、认可青年，更是从中年人的视角看到了青年人所处的时代：科技繁荣、文化繁荣、城市繁荣、追求自我爱好、学会生活等。展现在这样一个更好的时代背景下，更好的年轻人群体的状态，也更有希望去追求自己想要的未来，更具希望感。同时，"你们有幸遇到这样的时代，但时代更有幸遇见这样的你们。"让时代背景下的青年赞许更具力量。

内容与形式的选择很契合，让视频更有打动人的力量。在形式上，采取何冰一个人以中年人的视角对屏幕前所有青年人对话的形式。何冰作为话剧演员语言表现极具张力，更好地传达出对青年人的认可与赞许。一个人在黑色背景的舞台上，很正式、很真诚、很有感染力。

在文字内容上，从转化代际冲突，到解读青年人的生活方式、生活态度，从在时代背景中表达对青年人的希望到结尾作出与青年人一同在奔涌的河流奔涌的愿望。层层递进，用诚恳的态度和真诚的沟通，让整个对话很深入、很触动人。

同时在视频上还配有 B 站 up 主的相关视频画面，使得青年人的状态、精神世界以更加可视化的形式展现，更有视觉冲击力。

范例【视频】：不被大风吹倒

来源：bilibili 原创策划

时间：2022 年 5 月 3 日

网址：https://www.bilibili.com/video/BV1A44y1u7PF/ ?spm_
id_from=333.337.search-card.all.click

【案例简介】

2022 年五四青年节，B 站发布了一则名为《不被大风吹倒》的短片，片中由诺贝尔文学奖获得者莫言朗读了他给全国青年朋友们写的一封特别来信。信中回答了网友在其公众号的留言："如果人生中遇到艰难时刻，该怎么办？"莫言讲述了他的两个故事，给出了答案："一个人可以被生活打败，但是不能被它打倒。"

这两个故事，是关于莫言遇到艰难时刻时，给他带来知识与力量的一本书和一个人。书，是莫言童年时因家庭穷苦辍学放牛期间，得到的一本《新华字典》。虽然不是经典作品，但这本工具书是在农村书本本就稀少的条件下得到的唯一书籍，陪莫言度过了艰难时刻，也奠定了后来他写小说的基础。人，是莫言的爷爷，莫言小时候陪爷爷割草拉车时遭遇狂风，爷爷攥紧车把、绷背努劲与狂风对峙。

莫言通过这两个质朴的故事，希望能给面对人生艰难时刻的年轻人带来启发和力量，勉励青年人"道阻且长，行则将至"，鼓励大家在挫折和考验面前始终保持坚韧。

【案例解析】

朴实的故事分享，以小见大。

一本书，给予孤独困苦中的自己以知识；一个人，在与狂风对峙中不曾躲避、最终胜利的画面带给自己力量。莫言分享的这两段亲身经历，朴实直白，既没有复杂的人物关系，也没有跌宕起伏的故事情节，但是都抓住了如何面对艰难的本质：辍学放牛时孤苦，《新华字典》就是他通往未来的起始点，是开始文学生涯的基石，把当下的每一件事做好、每一个条件利用到底，不断积累，终有所成；而与狂风对峙的爷爷淡淡地说"使劲拉车吧，孩子"，则是面对各种"大风"不动如山的坚韧。

以故事而非说教的形式，直达心灵

网友给莫言公众号下的留言，正是千千万万个奋斗者想询问的问题。作为诺贝尔文学奖获得者的莫言，他从乡村一步步走来，最终成为文学巨匠，似乎是这个问题的最佳答题人。而正如短片开头所言"我无法告诉你一个适合所有人的标准答案"，没有什么苦口婆心的鸡汤，而是以故事入题，以亲身经历破题，在鼓舞年轻人的同时，发挥了文学作品直达人心的作用，用苦难回答苦难，传递了莫言的人生信念：面对艰难时刻，最佳的选择是勇敢面对，"纵有疾风起，人生不言弃"。

言之于此而不止于此，其意深远

十年之计，莫如树木；终身之计，莫如树人。国际局势风险性渐涨，经济大环境压力增大，无数奋斗者都在艰难中前行，许多年轻人仍处于迷茫中，"希望总是在失望甚至是绝望时产生的，并召唤着我们重整旗鼓，奋勇前进"，面对艰难时刻，要熟读手中的《新华字典》，还要攥紧手中的车把，绷背努劲，迎难而上。莫言的这封信，既是对留言者的答复，更多的是对青年人和奋斗者的鼓励和期许。

"痛点类式"文案

痛点往往是受众在意的，急需解决或满足却没有如愿的需求。我们之前提到过精准把握受众情绪的内容更容易引起共鸣，痛点也一样，命中痛点，了解受众真实想法是内容得到点赞、转发的重要诱因。不同的是，人们对一人一事的情绪可能是强烈的或者短暂的，通过某些由头的刺激与反应，能够让情绪产生波动，发泄之后会有衰退。而痛点则是受众的某些刚性需求，没有满足的情况下往往会长时间存在。本主题下论及的青年人职业选择、老年人数字鸿沟、实现财富自由、生育、就业、医疗等问题就是不同人群的痛点所在。生活中细心观察，注意倾听和体会，找到受众的痛点并不难。

范例【文章】：理想与现实的博弈

来源：槽值

时间：2022 年 7 月

网址 / 二维码：https://mp.weixin.qq.com/s/dAw7GjLMNjAwna2GJVFuNA

【原文节选】

理想与现实的博弈，前途和稳定的抉择，金钱和自身价值观的矛盾……

不光对应届毕业生来说是难题，对于在职场摸爬滚打多年的人来说也一样。

但可以看见，如今越来越多的人，对职业的态度发生了转变。

过去是"只想搞钱，别谈理想"；现在，他们选择工作时，薪水只是一方面考虑因素，还要有个人兴趣、人生理想作为支撑。

毕竟，只有金钱的世界，太过无聊。

今天，我们跟几位朋友聊了聊他们心中的"理想工作"，与他们对职业的看法。

其中有人对"理想工作"已不只停留在"想想而已"的阶段，而是已经转行；有的捡起过去的爱好，准备浅试一下副业。

哪怕他们最想做的工作，赚不到钱。

······

08 @2022 锦鲤

你可能没听说过我的职业，但你很有可能使用过我的工作成果——

千千万万个某音某手短视频里面，就隐藏着我的作品。

我是短视频特效道具师。

其实就技术层面来说，设计一款特效不算特别难，难的可能是脑洞要大。

当然也不能太大，否则冒犯了用户，平台就会给你一个"差评"。

比如我有一款特效，是把人脸变成马桶搋子，就饱受差评，被好一顿批评。

我也有一些比较受欢迎的特效，比如脸部夸张变形，还有头发变色滤镜——

圆你一个把头发染成绿色的梦想，优点是不会被爸妈打。

有时看到别人使用自己特效发的小视频，会有一种别样的成就感。特别是看到他们对着特效大笑的样子。

如果哪个视频点赞特别高，我还会迫不及待分享给闺蜜：

你看你看，这可是我的大作耶！

······

【案例解析】

这篇案例文章的大主题是职业选择，本篇在开头就提出了深刻的观点"过去是'只想搞钱，别谈理想'；现在，他们选择工作时，薪水只是一方面考虑因素，还要有个人兴趣、人生理想作为支撑"。虽然这一点的结构处理与"独居"篇稍有不同，但作为主体的小标题内容大同小异，依然是每个讲述者都围绕什么是"理想工作"这一主题来分享自己的看法以及工作或者兼职经历，通过丰富多样的案例来证明文章开头的观点。文章对平行案例的选择依然呈现多而全的特点，不过，既然开头已经给出了明确的观点，那么我们在阅读时就可以留意文章在案例选择上是否有所侧重。通读全篇，讲述者们拥有不同职业身份和经历，但每个个案最终的落脚点都突出了兴趣、理想对职业选择和生活轨迹的影响，做到了平行案例灵活但不散乱。灵活体现在文章的讲述者从事不同行业的工作，或拥有兼职经历，他们当中有自由职业者、寺庙从业者、自媒体博主、大学教师，也有兼职民宿老板、兼职画师。不散乱是因为案例的价值指向一致，比如，有个案例的讲述者从投行转职为中学教师，虽然收入落差巨大，但她恢复了前所未有的活力和年轻感；大学老师虽然因为当初的选择而付出了一定的机会成本，但满足于内心的平静，从不后悔。

范例【文章】：老人已经不配看电视了吗？

来源：X 博士

时间：2023 年 2 月

网址 / 二维码：https://mp.weixin.qq.com/s/aBJrbt8q_GHTF6k GGHUxXQ

【原文节选】

在我的印象中，电视是打开电源按钮就能看，操作十分简单的家用电器，为啥还要特别标注"便于老年人操作"？ 除非现在的电视对老年人来说太复杂了。 如今的智能电视，对于老年人来说，已经不单单是一个流媒体的终端，而是绑定了广告营销、会员额外付费、流氓 App 的科幻产物。 十年前看电视，老人只要坐着就能享受，而现在，他们看电视的权利也被剥夺了。

想看个电视，比去医院看病还困难。 比如有的人说，爷爷被电视的会员机制逼疯了，把电视剧写在纸上，能播的就打钩。

······

看电视像上刑场

用电视把老人逼疯，总共分几步？ 第一，华而不实的功能板块，操作烦琐的系统。 现在的智能电视，与其说是电视，倒不如说是一台挂起来的手机，其操作逻辑跟智能手机没区别，都是通过索引的方式查找节目。老人无法理解，以前一打开就能播放的电视，怎么多了"××TV"、开屏广告、频道分区等花里胡哨的东西。

打开电视后，怎么操作也是个问题，智能电视，通常配备两个遥控器，分别控制机顶盒和电视机。

最简单的换台，对于老人来说也是难题。有些被逼无奈的老人，会手写一个频道表，按照频道编号进入自己想看的频道。

很多人说，家里老人想看电视，怎么教也教不会，自己很生气，因为电视把学习成本甩给了他们。

……

【案例分析】

案例文章关注老年人这一弱势群体，聚焦社会"适老化"问题。讨论由一篇网络求助帖起头，帖主请网友推荐便于老人年操作的电视机，作者由此指出社会现象：电视机烦琐的操作让老年人愈发无所适从，甚至到了看不了电视的地步。为了证明问题的普遍性，文章截取网友评论，列举了若干电视机难题，网友语言诙谐又透露着丝丝无奈。这样的开头奠定了全篇基调，在轻松调侃的氛围里描述现象、分析问题、呼吁改变。

正文第一个小标题问道："用电视把老人逼疯，总共分几步？"在这个套用小品台词的设问下，文章将老年人常见的电视难题归纳为系统界面设计烦琐、会员收费逻辑复杂、电视广告频繁三大类问题，进而分析问题的行业成因。第二个小标题提出"适老化"已成时代痛点，认为当前的社会消费品大多只停留在关注对老年人在身体方面的安全防护，却忽略老年人的精神消费和文娱需求，呼吁人类文明发展不应淘汰老年人，现代社会的智能不该成为对老年人的束缚。

文章事例虽多但所占文字体量有限，几乎一两句叙述一个事例，简明扼要指出现象，由电视难题引申到适老化问题，不过多情绪渲染，侧重分析说理，呈现轻情绪、轻事例、重分析、重延伸的特点，同样值得借鉴。

范例【文章】："00 后"已经开始无痛攒钱了？

来源：哔哩哔哩（微信公众号）

时间：2023 年 3 月

网址 / 二维码：https://mp.weixin.qq.com/s/Q2Pha9qTUxQaXn DnET60-A

【原文节选】

在大多数人的认知里，大学生和刚毕业的上班族是不存钱的。

他们赚多少花多少，容易陷入消费陷阱，甚至喜欢透支还没有赚到的钱。

但就在这两年，对存钱上瘾的年轻人越来越多了。

曾经很多人预测的"报复性消费"没有出现，"90 后""95后""报复性存钱"却频频上热搜。

B 站上热衷攒钱的年轻人，纷纷开始分享自己的存钱经历，还有实用的记账软件、存钱法则、搞副业方向。

UP 主 @ 无处安放的小 A 一针见血地总结这波存钱潮，"从怎么花钱是我的自由，到没有存款就没有自由；从花钱一时爽，到有钱一直爽。月光族肉眼可见地走在了濒临绝种的路上"。

开始存钱的原因

摄影师 UP 主 @TenGuSan ，在 30 岁之前没有任何理财的意识。

工作的前几年，他的收入不错，但除了买一辆车之外，其余的钱"全花了"。

直到他准备申请签证去日本，看着自己前些年的流水单，一笔一笔细碎的支出，自己都没有意识到。再看一眼支出总额，他被自己的花销吓了一跳。

"我既没有购置一处房产，也没有讨到老婆。"他开始反思自己，到底把钱花到哪儿了？

"如果我能把前几年的工资攒下来一半，都可以直接在日本买套小公寓了。"他突然开窍了"人要存钱"这回事。

从那之后他开始认真理财，决定分两部分去存钱。

一部分存钱则是针对计划内的，投资自我以及日常消费。另一部分钱用来应付计划外的支出，比如生病了却没买保险，宏观环境变了自己应付不来。

【案例解析】

我们可以关注这篇案例文章的两处巧妙处理：一是选题细化；二是素材利用。"攒钱"本是很寻常的选题，但是文章聚焦在这一常见行为与年轻人群的交集上，就挖掘出了很有网感的新概念"无痛攒钱"。在读者的常规认识里，攒钱意味着控制支出，抑制消费欲望，引起精神痛苦，所以势必好奇年轻人如何"无痛攒钱"，因此该选题增强了常规话题的新鲜感和吸引力。这种处理手法提示我们，对于过于宽泛的选题，不妨进行纵横细化，在宏大选题领域多从其他维度进行小范围圈定。另外，案例文章来源于哔哩哔哩（简称 B 站）微信公众号。作为国内的文化社区与视频网站，B 站以拥有众多高质量原创 UP 主、音视频、图文与游戏动漫资源著称。案例文章的素材选取也带有明显的 B 站标记，一方面，文字素材整理自众多站内 UP 主的内容投稿；另一方面，配图均截取自 B 站搜索页面、视频截图、会员评论等。

除了上述亮点，行文也规范严谨。首先，引用两位 UP 主的经历，分析年轻人萌生攒钱念头的原因。接着，整理四位 UP 主的投稿内容，描述具体做法，详述年轻人如何做"无痛攒钱"。最后，关注的结果，介绍三位 UP 主代表，分享他们通过攒钱实现了个人目标的故事，为"无痛攒钱"的话题讨论画上句号，首尾呼应，结构完整。

范例【文章】：我心疼那个爱靳东的中年女人

来源：新世相

时间：2020 年 10 月

网址 / 二维码：https://mp.weixin.qq.com/s/62_c6NcKrZRMf
NH4lyZdKA

【原文节选】

除了身体上的疼痛，被静音的还有，

身为一个女性，她们需要爱与被爱。

相信你也看到了这则新闻：

一个 60 岁的黄阿姨，像老房子着了火一样，狂热地追靳东。

还做了一系列看起来匪夷所思的事：

日夜上网，从 100 多斤瘦到 90 斤；剪短了头发，让人认不出来。怕靳东太喜欢她了，引起其他粉丝的嫉妒；和丈夫分房睡，叫嚷着要嫁给靳东。

家里人觉得丢人，骂她走火入魔。

这则新闻在热搜上待了好几天，争议纷纷。但今天，我必须重新讲述这个故事：

这不是个笑话。

她很能干。

房子是她挣的。她还要去城里买房子，让孙子能念上好学校。

她很苦。

儿子欠了180万元的债，靠她还，都快抑郁了。

丈夫摔她手机，为孙子跟谁姓，为菜做得不合口味。

最后，她很孤独。

最戳人心的，是她说出了那个藏在心底的秘密：

"我从来没有经历过爱情。"

以及她对假靳东那句粗糙，但又直白的表白：

"全部是他。

我的好，我的美，我的人，我的心，我的善，全部被他唱出去了。"

你可能不知道，她刚换上智能机不到1年，之前都是老人机。

这个假靳东，是在她密闭的生活里，唯一的一丝光亮。

所以当所有人告诉她，她遇到的是骗子。

她的美、她的好、她的心、她的善，全是假的。

她的反应呢？

疯狂地砸，声嘶力竭。

她说："我不信。"

写到这里，我心里非常难受。如果可以，我宁愿这个骗局，永不被揭穿。

……

【案例解析】

在我们停止嘲笑，换一个角度思考事情的本质，就会发现，很多看似荒唐的事，对另一部分人而言，可能并不可笑，更不可耻。用这样敏感的触角解读世界，能让我们的文字从千篇一律的面貌里突围，成为特别的存在。

案例文章中的新闻讲了这么一件事情，60多岁的黄阿姨通过网络认识了一个自诩是靳东的人，黄阿姨被这个假靳东欺骗，深信不疑，沉迷其中，引发了一连串的问题。可是，案例文章没有把这则新闻归类进中老年人遭遇网络诈骗，而是另辟蹊径，借"世界更年期关怀日"，从关怀中老年妇女的角度，解读黄阿姨渴望关爱、渴望呵护的内心诉求。文章探讨中年女性的生理疼痛、情感需求常常处于"静音状态"，被曲解，被无视，被遗忘，爱的权利被剥夺。甚至，她们自己都没有意识到，正视自我，大大方方表达疼痛和需求，无可厚非。准确、独到地挖掘特定群体渴望关爱的痛点，是该文成功的最大因素。

文章列举黄阿姨和另一位喜欢肌肉男的重庆阿姨的故事，证明这个群体普遍面临静音困境，难以打破。又列举渴望自由的自驾苏阿姨和余秀华的例子，证明还有女性在对困境做着勇敢的反击。最后呼吁中老年女性的丈夫、儿女多给予其倾听、理解和关爱。

范例【H5】：两会看民生，听民声！

来源：光明日报

时间：2022 年 3 月

网址 / 二维码：

【案例展示】

导言：街边小店，是一座城市最活跃的细胞，点点萤火，却蕴含巨大的能量，日复一日，关照着我们的生活和心灵。

这家店，你熟悉吗？

书店部分文案：

政府工作报告文字内容：延续实施扶持制造业、小微企业和个体工商户的减税降费政策，并提高减免幅度、扩大使用范围。——《2022 年政府工作报告》

视频内容：大家好，我叫胡同，是 ×× 书局的创始人，×× 书局是一家具有 20 年历史的老书店了。这 20 年以来一直坚持线上和线下（销售）并举。在实体书店生存不易的今天，线上

（销售）给予我们很大的补充，尤其是在疫情之下，大家其实在线下购买的时候越来越少了，疫情（暴发）以后，我开始使用直播这样的一种形式进行卖书和推广，效果还是可以的。我们放在直播间里头的这些书普遍有一个特点，往往都是体积比较大，录入拍照比较费事，这样的一种图书，因为有充分的展示空间，能够让大家看到图书的原貌，所以大家对于图书的了解变得更加真实和细致，大家下单就变得比较踊跃，这个对我们线下的实体店是一个很大的补充。北京市委、市政府这些年以来对实体书店都非常关心，我们有幸这三年以来都获得了一定的扶持，缓解了我们的经济压力，对于市场，我当然希望更加规范化，我也希望大家能给予实体书店以更多的宽容、更多的支持。因为有了大家的共同努力，才有可能让实体书店等到美好的明天。

……

【案例解析】

该案例是一个长图类 H5 作品，将手绘漫画与视频资源相结合，采用横屏滑动展示形式。每年两会，政府工作报告都是群众关注的焦点，其中的发展规划和国计民生与百姓生活息息相关，解读和宣传政府工作报告也成为各大媒体关于两会报道策划的重中之重。案例作品抓住 2022 年政府工作报告中关于扶持小微企业和个体工商户的政策精神，把策划落脚于展示过去一年间个体工商户的发展状况，把作品中的故事场景设定在大家熟悉的街头巷尾，策划关注民生痛点，重民生、接地气、聚人气，更有烟火气。

在内容方面，本作品的文案信息较少，主要引用了政府工作报告的内容，为视频素材做主题引领，重头戏是三段短视频中主人公的自白。作品选择独立书店（北京）、街头面摊（武汉）、驴肉火烧点（山东）三个生活中随处可见的小店，三位店家老板的介绍朴实自然，对各自店铺的经营介绍真实可信，符合个体工商户的身份特征，镜头画面烟火缭绕，充满生活气息。店铺、人物和镜头的选取都拉近了政府工作报告与百姓的距离，用网友喜闻乐见的语言和形式，达到良好的宣传效果。

在设计和互动方面，配合个体小店铺的特色，用漫画形式大展马路文化景观，石子路、五颜六色的牌匾，街头小超市、团成一团睡觉的猫咪、热气缭绕的街边摊、背书包的学生、骑着小电驴的墨镜大婶儿……作品中的漫画元素取材于真实街头场景，反映衣食住行生活百态。用户通过横屏滑动可一探小街全貌，根据提示单击可获得隐藏的视频素材，可谓又是一个将主线内容、互动设计与隐藏内容完美统合的佳作。

范例【短视频】："问政山东"现场局长被 8 连问后语无伦次

来源：闪电新闻客户端

时间：2019 年 4 月 6 日

网址：https://sdxw.iqilu.com/share/YS0yMS01NDc3OTMw.html

【案例简介】

在山东潍坊一村庄，村民意外发现一头死猪。同样的事还发生在临沂，水沟里见到被随意丢弃的死猪。村民发现问题后，拨打当地 12345 热线进行反映，几天后畜牧部门过来进行了掩埋。但掩埋的地点并不符合要求，而且当地还有正规的无害化处理厂将大批病死猪露天堆放。2019 年 4 月 6 日，山东广播电视台《问政山东》节目问政山东省农业农村厅主要负责人。面对病死猪乱丢弃的问题，主持人李莎用 8 次连环提问，层层递进追问当地负责人。 而面对"大片的死猪堆在那儿，您之前知道吗？"等问题，局长几次停顿无法回应，最终表示将立刻进行调查处理。

该短视频推出以后，迅速成为互联网热点话题，24 小时全网阅读量超 3000 万次。"李莎八问"的爆红，改变了网友对电视问政"作秀"的认知，推动了"问政山东"成为现象级电视节目。

【案例解析】

巧用互联网创新编辑手段，大小屏联动形成网络爆款

在《病死猪田间乱丢知道吗……"问政山东"现场局长被8连问后语无伦次》节目中，山东广播电视台编辑精选"问政山东"节目中的经典镜头，以真实调查素材为背景，以主持人犀利连续的问政为主体，配以花式字幕，采用适合互联网传播的方式，制作推出短视频"李莎八问"。短视频呈现了问政现场真实、紧张、尴尬的氛围，聚焦形式主义、官僚主义突出问题，助推舆论监督，助力工作落实。同时这条短视频，也是山东广播电视台媒体融合的一个经典案例，短视频通过对电视节目内容进行再加工、再传播，巧妙呈现新闻事件戏剧性，既实现了大屏内容小屏助力扩散传播，同时短视频在小屏端的火爆，也进一步提升了大屏端电视节目的影响力，实现了传播效益最大化和大小屏的良性互动。

短视频助推舆论监督 引发正向长效应

"李莎八问"的爆红，改变了网友对电视问政"作秀"的认知，推动了"问政山东"成为现象级电视节目。也改变了人们对山东干部的标签化印象，展示出了新时代山东各级各部门领导干部直面问题、敢于担当的新形象。实现了媒体报道助推舆论监督，助力工作落实。

范例【新媒体互动产品】：年终提问 2021

来源：新华社、新浪微博微博、新世相联合出品

时间：2021 年 12 月 17 日

网址：https://weibo.com/1699432410/L72YNFA7l? refer_flag
=1001030103_

https://file.digitaling.com/eImg/uvideos/2022/1009/166530415
4242554.mp4

【案例描述】

又一年年底，对新的一年，对未来，每个人都有自己的提问。

面对平凡生活，如何发现自己的不平凡？

不确定的环境中，如何找到内心支点？

年纪大了，在职场上还有竞争力吗？

即将毕业，考研和工作应该怎么选……

2021 年 12 月 17 日，新华社联合微博、新世相，共同发起的
"年终提问 2021"活动，邀 4 位时代前行者——张桂梅、张文宏、
苏炳添、王赤以问答互动的形式，收集全网 10 万多条网友提问
和留言，用回信的方式回应大家的困惑和思考。他们坦言自己也
曾有人生困惑：张桂梅讲述了"人生最黑暗的一段时光"；张文
宏回忆说"年轻时代，我也一直挣扎在不安与焦虑中"……他们

也分享了自己的人生体验：苏炳添勉励朋友们"经历低谷时要做的就是一步一步爬上来"；王赤鼓励年轻人"上天送给你的孤独时刻，一定是让你和自己对话的最好机会"……

这4封充满仪式感的回信，被一些网友称为"年底收到的最好礼物"。很多正在奔跑的年轻人被"致青春"的回信感动，留下了励志的感言；不少从青春这列列车上下来的父母，把这封信转给自己的孩子，触发了成长的对话，正能量得到了广泛的传递。截至2021年12月30日，"年终提问2021"话题总浏览量达10.9亿人次。

【案例解析】

多类型媒体优势互补、跨界深度融合

"年终提问2021"展现出了媒体融合发展亮点——中央主流媒体＋头部社交媒体平台＋新媒体大号。在这一层面，新华社秉承开放合作、深度融合的思路，走访了互动性突出的新媒体平台新浪微博和与青年网友互动能力较强的新型内容IP"新世相"，在充分吸收建议后，结合两家机构的优势，引入他们成为此次报道的合作伙伴。三者合作协同，有效实现了破圈传播与深度触达，在岁末年终给予许多网友感动与抚慰，在新媒体平台形成刷屏之势。

创新产品模式、强调互动效用

"年终提问2021"在与年轻网友的互动方面实现了突破创新，报道采取互动问答形式，设计了征集提问、回信、网友UGC内容再创作三个主要环节。在征集环节，充分发挥新浪微博的社交平台优势，引导网友留言、互动、转发。在互动问题设计上，"年终提问2021"系列报道直面真实需求，提炼出青年网友在工作、

生活上存在的常见困惑，设计的系列话题感情真挚、不虚伪、不"拔高"，引起了广大青年网友的共鸣，展现出真诚的互动姿态。

并且，该作品与众多报道不同的是，它并非发布即完成的单向输出作品，而在每封信发布后，报道组将网友真挚的感受留言以及分享的故事整理并做成"留言海报"进行 UGC"二创"发布。网友同样成为互动报道的重要主体，参与到了新的生产和传播中，形成互动报道的闭环，真正做到了有效互动，双向输出。

主流媒体引领正向舆论、彰显向上思想

四封真诚的回信引发了广大网友特别是青年网友的强烈共鸣，大量靓句被网友口口相传。"年终提问 2021"互动报道，既是对以年终报道为代表的周期性主题报道的一次创新实践，也是新华社发挥舆论引导能力、促进年轻人正向价值观形成的一次生动实践。它在遵循新闻传播规律的基础上，满足了年轻群体在工作、生活上存在的困惑与焦虑，该话题极易引起共鸣、击中网友的共性情感。作品在问与答的互动之中，实现了"两个舆论场"的融通，体现出不一样的"国社温度"。

范例【短视频】：派大星的独白

来源：哔哩哔哩（微信公众号）

时间：2019 年 7 月 27 日

网址：https://www.bilibili.com/video/BV1qt411j7fV/?spm_id_from=333.337.search-card.all.click

【案例简介】

这是 2019 年 7 月 27 日 B 站 up 主"洛温阿特金森"做的一个短视频，视频选用的素材来源于《海绵宝宝》，一部由舍曼·科恩、沃特·杜赫、山姆·亨德森、保罗·蒂比特等执导的美国喜剧动画。但经剪辑二次创作的时长为三分四十秒的短视频，一经推出就戳中了很多年轻人的泪点。截至发稿，B 站播放量已高达 8366 万，评论量高达 39 万，成为入站必刷 85 大视频之一。

视频用调音鬼畜的形式，为派大星创作了一首 rap 歌曲，歌曲十分押韵，旋律以及节奏感都很强，还具有极强的叙事感，通过带有魔性的音乐和配音讲述派大星的故事。派大星从不追求名利，只想像正常人一样过自己喜欢的生活、做自己喜欢的事情。但他很孤独，被其他追求成功生活、功成名就的人所孤立，他曾经的玩伴海绵宝宝也渐被磨去了棱角，过上了上流的生活。海绵宝宝将派大星请出了豪宅。就是这样的派大星，被身边的人称为废物、不是正常的人。

"那是什么，那是废物""快乐是如何消失的呢？""他只是嫉妒我过着光鲜亮丽的新生活"等视频中的句子成为网络上被大家热议并进行传播再创造的热梗。

【案例解析】

选取的素材是很多人的童年记忆，更有亲切感

这个故事素材来自《海绵宝宝》，该动画片以及动画片中的形象派大星、海绵宝宝、章鱼哥等都是很多人的童年记忆，尤其符合 B 站年轻一代主流用户群体的口味，这样的素材选取让用户更加具有熟悉感与亲切感，从一开始就拉近与用户的距离，让用户产生好奇与兴趣。

真实感的叙事与内容，戳中时代背景下青年人的内心

真实感的故事线戳中了在这个普遍内卷、追求成功与名利的年轻群体的内心。派大星是一个只想追求自己快乐生活的人，但却与周围都在追求名利、追逐上流生活的角色形成鲜明对比。就连好朋友海绵宝宝，最终也被磨平棱角并过上了上流的生活。只是想过正常人生活的派大星却被认为是废物，最终被海绵宝宝赶出"富贵"的家庭。在这短视频里面，真心与冷漠，正常与不正常形成了鲜明的对比，将真实展现得淋漓尽致。同时，"我只是在做海星该做的事情""那是什么，那是废物"等很多简短又真实的句子充满哲理，内容也戳中人心，很多用户都在弹幕刷屏表示泪目。

鬼畜的配乐与 rap，使得短视频更有趣

鬼畜视频是 B 站等弹幕网络视频上常见的一种形式。该视

频用鬼畜音乐的形式、rap 歌曲的节奏感，以及快速切换的画面，使得用户观看起来更加轻松。打破束缚、颠覆传统的形式也符合年轻人亚文化的理念，在众多视频作品中脱颖而出。同时，精良的创作也是该短视频被广泛传播的主要因素之一。

"趣味性式"文案

我们可以创作文字轻松、有趣的作品，形成自己的新媒体文风。在文章、短视频脚本、漫画、直播风格等方面都可以思考怎么把内容做得有意思。例如，本书的《东北人去的不是澡堂，请叫它凡尔赛宫》《妈，天气咋就这么冷呢？》等案例，在语言上就极具特色和趣味性。但这一专题下，我们将主要展示H5案例的趣味性。相较于其他体裁和形式，H5可以同时汇集图文、音视频、漫画、互动游戏、分享裂变等多种玩法，在引起参与者兴趣方面别具探讨和借鉴的价值。

范例【H5】：纪念哈利·波特魔法世界 20 周年

来源：网易

时间：2017 年 7 月

网址 / 二维码：

【案例展示】

下一页

斯内普对你施了遗忘咒

（开篇：引用系列小说的中文版原句，引导用户开启"霍格沃茨魔法学校"之旅。）

欢迎来到"霍格沃茨魔法学校"

"霍格沃茨魔法学校"是欧洲的三大魔法学校之一。

校训：眠龙勿扰

创办时间：公元 993 年

学校采用七年学制，学生在学习期间寄宿。

霍格沃茨共分四个学院，新生入学第一件事情就是戴上分院帽。

分院帽会根据你的判断来确定该属于哪一个学院。

（分院帽点击交互，喊出四个学院的名字）

格兰芬多级长带领大家去参观

在他们经过走廊肖像时，肖像在窃窃私语。

（肖像画点击交互："听说霍格沃茨魔法学校里藏着一块魔法石，能把任何金属变成纯金还能制造出长生不老药，使喝了这种药的人永远不死。"）

隐约听到魔法石几个字。

接着他们来到了魁地奇球场

至今，魁地奇运动仍让世界各地的众多狂热者兴奋不已；是由巫师骑着飞天扫把参加的球类运动。

每队各七人：一名守门员，三名追球员追鬼飞球，两名击球手防游走球，一名找球手找金色飞贼。

飞完魁地奇，到了上魔法课的时间

（咒语点击交互：选择悬浮咒或变形咒，在屏幕上画出各自代表的线条。）

去往最后一站：图书馆

（图书页面点击交互，文字搭配电影原声，展示邓布利多、小天狼星、海格、斯内普等主要人物的经典台词。全部翻阅后，结尾处引用小说作者 J.K. 罗琳的一句话，显示制作页面，H5 结束。）

【案例解析】

该案例属于图文展示类 H5，为纪念哈利·波特魔法世界诞生 20 周年制作。策划方面，设计了用户进入霍格沃茨魔法学校参观的情景，用一条线为指引，代表探索魔法世界的行为动线，串联了各模块，营造出沉浸感。

文案方面，开头引入情景后，主题文案内容分成六幕，依次为：霍格沃茨简介、分院仪式体验、肖像画参观、魁地奇规则、魔法课学习、图书馆翻阅。文字方面简单易懂，没有过于复杂的表达和写作技巧，最大的亮点是场景的选择，了解原著的用户都曾被分院帽、肖像画、魁地奇、魔法课、图书馆等场所充满魔法气息的设定所惊叹。这些场所的参观顺序也与《哈利·波特与魔法石》中，哈利初到霍格沃茨的活动顺序一致，可见制作者对系列故事有所了解，态度真诚。

在设计方面，H5 画面简洁淡雅，颜色统一，图片处理成老照片样式，突出独特质感。文字围绕贯穿始终的直线多样化排版，疏密纵横不拘一格，在魁地奇部分更有配合金色飞贼的特效进行的灵活排版。使用哈利·波特系列电影的经典配乐和原声台词，经典再现，迅速将用户拉入特定情景，追忆情怀感染人心。

交互方面设计丰富，全程几乎都需要上下左右滑动，还有滑动条拖动显示文字、点击出声，点击展示图片、屏幕画咒语等多种玩法，效果惊艳。

范例【H5】：人生必做的 100 件事

来源：网易

时间：2020 年 2 月

网址 / 二维码：

【案例展示】

部分事例 list：

看极光

一次无计划的旅程

勇敢告白一次

写信给未来的自己

去爱豆的演唱会

看完 1000 部电影

认真道别一次

拿到驾照

开一家店（网店也算）

拍一次全家福

打卡书籍 / 影视中的经典地标

拥有自己的房子

看完 1000 本书

遇到令你心动的人

创业（无论成败）

有一道拿手好菜

一个人去旅行

与网友成为现实中的朋友

为梦想疯狂一次

和喜欢的人用同一个耳机听歌

保存着一分孩子气

拥有 10 年以上的挚友

去喜欢的国家生活一段时间

写一本书

去西藏

去一次音乐节

见证自己的蜕变

把房子装饰成喜欢的样子

定期存款（金额不限）

用第一笔工资给家人买礼物

在星空下露营

拿一次奖学金

见证好朋友的婚礼

拍幼时和长大的对比照

重回童年居住的地方

带家人体验

拜访恩师

立一份遗嘱

学会理财

参加大型的倒计时跨年

学会断舍离

与朋友彻夜谈心

接纳自己，与自己和解

【案例解析】

该案例为网易新闻的品牌宣传 H5，创意策划当属该案例最大的亮点，H5 的广泛传播需要有共鸣，达到使用户欲罢不能的效果。首先，100 件事选择宽泛，设计合理，与用户生活息息相关。其次，案例涉及了遗憾、回忆、感动、启发等关键词，牵动用户情感。最后，案例 H5 的参与门槛极低，操作简单而回报相对丰厚，因为图标元素丰富，很容易创造出个性化长图，增强分享欲。

文案方面，能够出色地完成策划意图，成败关键是这 100 件事的选择是否合适。每个事件既要有吸引力，又要有共鸣，既不能太平庸，也不能过于另类几乎无人达成。为此，案例充分利用了网络数据资源，对事件进行收集整理，确保 100 件事的质量。

　　案例的文字排版设计采用扁平极简风格，用看似随意的同心圆排布解决了 100 个条目规律排列可能带给用户的紧迫感。排版看似凌乱随意，实则暗含巧思。另外，分享页面中，用户选择的每一件事情都对应着独一无二的原型图标，五颜六色的图标集中在一起让每个用户的分享长图既美观又具有个性化。

　　案例的交互设计友好，用户进入首页后，输入名字，即可进入选择页面，100 件事屏幕自动从右向左以底部为圆心旋转，事件默认文字形式，被点击选择后出现图案；屏幕右上角显示已选择事件数。用户选择完毕后，即可生成个性化海报。交互的自由度极大，选多选少都不影响结果生成，重复考虑到用户心理，参与门槛低，体验良好。

范例【H5】：那些年，你看不懂的时尚

来源：网易

时间：2019 年 9 月

网址／二维码：

【案例展示】

Rap（说唱）：

妈妈：破洞低腰短上衣，遮不住肉也遮不住皮，不懂你们的时尚，乱穿衣服把街逛！

女儿：新时代时尚得创新，穿衣全凭看心情，凹造型你懂不懂，毕竟过去太老土！

到底谁更有道理，你们都来评评理！

（互动按钮：开始 Battle！）

对比 1：跳舞

妈妈：我们是认真跳舞的迪厅青年

女儿：迪厅青年长大了

对比 2：内衣

妈妈：纯棉背心最透气，款式保守又单一

女儿：面料众多功能齐，总有一款适合你

对比 3：身材

妈妈：好身材是饿出来的

女儿：好身材是练出来的

对比 4：理发

妈妈：理发 3 块 8，师傅都穿白大褂

女儿：理发 388，Tony 还让你办卡

对比 5：发量

妈妈：我 50 岁，我 duang~

女儿：我 25 岁，我 guang！

对比 6：女神

妈妈：女神是用来看的

女儿：女神是用来拜的

对比 7：美妆

妈妈：出门成本 9.9

女儿：出门成本 9999+399+599……

……

总结：新中国成立 70 周年时尚穿梭之旅

每一次翻转，都意味着美好生活拥有了更多可能

时尚的变革，可以成为一个时代最为鲜活的纪录之一

也许，今天回看过去的日子会有些土气

但它，见证了一代人最宝贵的记忆

【案例解析】

善意调侃带来欢乐，敏锐洞察展现特色，时代勾勒引发共鸣，画面冲击吸引眼球……这些构成了该案例作品的独特意趣。

案例作品是一个长图漫画类 H5，用上下左右滑动的形式完成交互阅读。创意策划方面，作品在"新中国成立 70 周年"这一大主题之下，落脚于过去生活与现在生活的对比，通过诙谐搞

怪的方式呈现出多个生活领域的对比反差，以此直观说明了祖国的发展壮大今非昔比，人民的生活水平节节高升，生活方式多姿多彩，时代风貌愈加丰富宽容。策划思路是以小见大，以局部观察来刻画时代全局的典型案例。

本作品的文案大大发挥了"时尚"和"潮"的特质，开头代表着两代人的妈妈和女儿就来了一段说唱对决，表明各自的身份和时尚态度，朗朗上口，搞笑效果十足。说唱拉开Battle（对决）序幕，引入主体内容。文案主线是时尚元素的今昔对比，主要对比单元有：跳舞、内衣、身材、理发、发量、女神、美妆、医美、照相、小白鞋、妈妈"织"造、时装、工作服、种草、买买买等。每个单元都由两张漫画，两句台词构成，台词是妈妈、女儿两个人物对该单元时尚元素的不同理解。文案处理的难点在于，如何精准抓住每个对比单元下，过去和现在的特点精髓，特征抓得准，符合大多数人的认知，让用户产生"我也这么想！""总结得经典！"之类的感觉，才能引发共鸣，提高完播率。

设计方面，该案例全部选取了色彩丰富、高饱和度、撞色的配色方案，视觉冲击力大；漫画人物形象设计自带"丑萌感"；单一、幅度极小、不停重复的动效制造出近年来大热于互联网的"鬼畜"效果。相比之下，作品的交互设计简单，上下活动查看不同对比单元，左右滑动查看每个单元内今昔对比内容，最后的页面可以选择支持妈妈还是女儿，点选后提示分享，并没有设计个性化生成页面，从整体上呈现出以内容展示见长的设计意图。

范例【专题】:"央广女主播的朋友圈"系列H5报道

来源:"中国之声"微信公众号

时间:2017年3月

网址/二维码:

第一期:央广女主播的朋友圈

第二期:@你 王小艺的朋友圈又更新啦

第三期:央广主播王小艺申请加你好友

第四期：来真的！央广主播朋友圈任意看

【案例展示】

主播口播文案节选：

主播：嗯——这张照片确实有点儿辣眼睛，这是我们中国之声著名的评论员白中华，我们都亲切地称呼他为"白大爷"。北京大学中文系毕业，做过八年的农业记者，可以说是扎根黄土地，勤勤恳恳地为大家带来了很多扎扎实实的报道。今年两会他有一个个人评论专栏，也会发视频，只是——这个视频封面——大家说要不要点开看一下？还是看一下吧！

白中华：各位好！说两会，说中国，说世界，说说我跟你。说世界，说中国，说两会，说说您跟它。白话儿两会今天是第一期，给您说点儿啥呢？说点儿大事儿，也就是即将召开的两会……

主播：看来跟封面没关系，内容还是很正经的，和白大爷的年纪也比较相符。而且，白大爷的知识绝对是跟他的腰围成正比的。所以他的专栏《白话两会》绝对不会让您失望。

【案例解析】

该主题案例的作品均为视频类 H5。该系列共四期，整体上都采用虚拟朋友圈界面，结合了主播实拍视频抠像技术，用主播解说自己的朋友圈的形式，每期的创意策划各有亮点：

第一期：朋友圈与主播相结合，主播从照片中"走"出来。

第二期：主播在朋友圈里"顶红包"，加强主播与朋友圈内容的互动性。

第三期：主播申请加网友为"好友"，若点拒绝出彩蛋，点同意能看到三方视频通话。

第四期：在主播刷朋友圈结束后让网友可以自由浏览朋友圈内容。

该系列 H5 的文案可大体分为两部分，一部分是模拟朋友圈发布和朋友留言互动的文字（通过视觉设计呈现）；另一部分是美女主播王小艺的口播文字稿，这些文字既解说了虚拟朋友圈内容，又引领了视频主线推进。在画面设计上，主播化身小人儿，身处前景，背景则是她的个人朋友圈界面。主播根据朋友圈的呈现顺序做讲解。以第一集为例，主播依次预告了新手妈妈跑两会、"白"话两会、出发吧棉棉、那些年我们一起读过的课文、两会极客行、央广辩论会等重点专题栏目，为央广报道造势，为两会召开预热。这两部分文案均轻松活泼，幽默搞怪，富有青春气息，甚至不乏"辣眼睛""宅男""晒娃狂魔"之类的用语，互联网风格十足，余下三集的文案和画面也基本遵循了这一设计风格。

在交互设计方面，案例作品以 H5 形式呈现，但本质上是视频作品，每个视频的自主播放时长均有若干分钟。除了首页的点击开始播放的按钮外，没有使用其他交互功能，视频全程处于自动播放状态。而与真正的视频相比，作品并没有倍速播放、暂停键、进度条、拖拽快进 / 回看等功能界面，因此用户处于被动观看状态，这可能成为影响主题案例整体完播数据的因素之一。不过，在首期之后，随后的每一集作品都逐渐加强了交互设计的力度，体验感回升。因此，综合来看，案例的创意构思巧妙，高度整合了广播节目内容、节目主播等自身的优势资源，借助精彩的展现形式，完成了媒体融合进程中的一次大胆、有益的尝试，富有突破精神。该作品荣获了第二十八届中国新闻奖一等奖。

范例【H5】：2021，送你一张船票

来源：新华社

时间：2021-01-02

网址：https://h.xinhuaxmt.com/vh512/share/9664313

【案例简介】

这是新华社于建党百年推出的线上创意 H5 作品，该作品以"2021，送你一张船票"为主题，以嘉兴南湖红船为线索，长卷式展现建党百年的重要节点与瞬间，带用户感受到百年巨变。

该作品的展现逻辑如下：（1）识别海报二维码或者点击海报图片，进入 H5 页面，微信授权后，可以看到"一张船票带你穿越百年"的剧情铺垫，用黑白灰色调的图片讲述山河破碎的曾经，在此背景下中国共产党诞生。（2）之后弹出了用户交互的问答题目：中国共产党诞生于哪一年以及你的出生年份，之后点击出发按钮就可以进入到新的环节。（3）按住前进，就可以跟随这条船，一路看中国共产党的历史大事件：南昌起义、红军长征、中华人民共和国成立、土地改革、抗美援朝、第一个五年计划、登顶珠穆朗玛峰、中国第一颗原子弹爆炸成功、改革开放、香港澳门回归、北京举办第 29 届夏季奥运会等重要事件。同时，还

配有一些问答题目，每完成一道就可以点亮一颗星。（4）播放完毕后，就可以进入船票生成页，选择事件、更换背景就可以生成分享海报。

该 H5 一经发布，迅速被全网转发，浏览量破 4 亿，成为刷屏力作。

【案例解析】

互动感强，给用户很强的参与感

该 H5 作品用双向互动取代单向传输，给用户很强的参与感。在开始的时候，"船票"会邀请用户写上出生的年份，并结合时间轴显示用户与当时重要历史事件的关联，比如香港回归的时候，你的年龄；在展现星辰大海的时候，可以点击发射，通过互动将宇航员送入太空；浏览完成全部内容后，用户还可以手动选择背景，生成有自己专属 ID 的海报，通过互动，提升用户的参与感和沉浸感，也促进对作品的二次传播。

创意满满，学习性与趣味性相结合

在中国共产党成立 100 周年的重要时间点上，通过有创意的策划用生动的方式展现关键历史，更是给用户上了一堂生动鲜活的"微党课"。整个重要事件都通过横向长图的方式，以南湖红船为主要线索，带用户在畅游中切身感受到历史的时代感，再现百年伟大征程。在 H5 互动的过程中，一边回顾历史，一边还会设计有趣的答题环节，比如十八大召开时间、中国共产党成立的年份等问题，每答对一道题就可以点亮一颗星，通过个性化的互动和有趣的游戏，帮助用户通过有趣的形式回顾昔日奋斗历程、了解党的历史，珍惜今日来之不易的美好生活。

制作精良，用户体验好

该作品以仿真漫画的形式，将百年间的大事件通过精美的画面来展现，查阅大量资料与老照片，并请教相关专家，整体设计内容精致、细节满满。同时，最后的船票生成既体现用户的个性化又精美丰富，用户反响很好。

范例【H5】：闪闪岁月　红星穿越

来源：由中央广播电视总台央视网与《穿越火线》、腾讯互娱社会价值探索中心联合推出

时间：2021 年 6 月 28 日

网址：https://mmbiz.qpic.cn/mmbiz_png/BREKtqOsJatGS7C7Bu H6vSQNUDCL6Nxnz8BdVeZcXF35JKkq66FN0HIn3SsCj4zJdxEIWia iaX1TJsutBszZSgIw/640?wx_fmt=png&wxfrom =5&wx_lazy=1&wx_ co=1640 (519×512) (qpic.cn)

【案例简介】

2021 年 6 月 28 日，中央广播电视总台央视网与腾讯穿越火线、腾讯互娱社会价值探索中心联合推出的党史学习全新互动游戏——《闪闪岁月，红星穿越》于全网上线。上线后页面浏览人数破 1 亿人次，一共超过 7700 万人参与这一互动，完成了"追红星 100 年"任务。同时微博相关话题阅读量突破 1.5 亿，央视网公众账号文章：《收好这份特殊攻略 咱们一起穿越百年》的阅读量也超过十万。

该互动产品以红星寓意着革命精神，在《红星闪闪》的激昂配乐中，用户通过操作手柄移动星标，躲避多股势力围追堵截，追逐红星后，周边闪耀能量光环，同时，每"追到"一颗红星，

就有一句革命箴言在屏幕中展示闪耀。玩家用户在红星闪耀下，战胜一个个关口，克服一个个困难，群星划过，见证追红星100年任务的完成。

主创团队一共选取了近百句不同年代的革命箴言，在互动游戏中一一呈现，其中包括夏明翰的"砍头不要紧，只要主义真"、刘胡兰的"怕死不当共产党"、叶挺的"我希望在烈火与热血中得到永生"等。

在游戏上线的同时，主创团队在网上发起接力挑战，设置相关话题，吸引大批网友共同完成"追红星100年"任务目标。

【案例解析】

寓教于乐，趣味性与教育意义兼容

追红星的互动游戏虽然操作简单，但是可玩性较强，拓展了活动参与者的年龄范围，在接力互动的氛围下，大有比拼赶超的游戏竞技乐趣，同时追逐红星时被围追堵截的设定更贴合党史历程中遇到的一个个艰难险阻，设计别出心裁，凸显象征意义。在红色氛围下出现的革命先辈们留下的箴言警句，都是先辈们极具特点的主张，甚至成为他们的身份符号。此次活动的参与度、覆盖面较为广泛，更以青少年为主体，在建党100年之际，营造出追思先辈、爱党爱国、学习党史的浓烈氛围。

破圈联动，主题教育重在传承

此次活动不仅仅局限于游戏自身，线上联合了多家平台知名电竞主播积极参与产品体验，制作发布了大量正能量短视频，借助电竞主播、网络游戏分享等方式，增加了追红星·学箴言活动的渗透力和宣传效应。在联合各平台电竞主播、知名大V等公众人物参与的同时，引导了青年受众的精神文化塑造方向，尤其是在共同完成"追红星100年"任务的过程中，营造的接力、学习、竞比、团结的氛围，更具青春活力，生动地传播了红色精神，是主题教育的新突破。

润物无声，红色精神传播入心

追逐红星、克服困难、过关升级，搭配着红色旋律，一句句革命箴言，在如此浓郁的党史知识氛围里，增加了受众对相关人物、知识的好奇，促使他们去学习党史、了解革命先辈、重温峥嵘岁月，符合青年受众对彰显自我价值的追求。此次活动不仅在形式上新颖出彩，在内容上也入心入魂。

范例【H5】：手绘微记录 | 大道同行

来源：华龙网

时间：2021 年 7 月 26 日

网址：https://file5f926cb7023d.aiwall.com/v3/idea/TRG1Ga7Z

【案例简介】

为做好建党百年主题报道，重庆华龙网集团股份有限公司于 2021 年 7 月 26 日推出《手绘微记录 | 大道同行》作品。该作品通过手绘图片、动画形式、数字影像技术、创意互动等多种形式，生动展现了各民主党派和无党派人士自觉跟共产党走的历史选择，以及各时期的历史背景与所做的贡献。内容丰富，形式生动，以重要的党史资料为依据，生动回答了为什么"中国共产党是历史和人民的选择"这一历史之问和时代之问。

该作品成为首部中国新型政党制度手绘微记录，其中手绘画面生动展示了民革、民盟、民建、民进、农工党、致公党、九三学社、台盟、无党派人士成立的时间背景与主体人员，以及与共产党之前发生的重要故事，还复原了一些民主党派重要人士的原话，比如"只有共产党才能救中国"等，十分具有感染力。作品中还设计了解锁关卡以及选择身份生成海报的形式，更加生动，互动感强。作品一经发出后，引发网友共鸣，被大量转发，在社交网络上刷屏，首日全网曝光量破 3500 万。该作品获得第 32 届中国新闻奖二等奖。

【案例解析】

宏大主题，选题角度巧妙

在"建党百年"的重大主题上，很多报道作品都是从中国共产党的角度切入来讲述历史，而该作品角度选择巧妙，"换个角度"讲党史，从民主党派的角度来看建党百年，更加新颖，也为党史学习增添了新的视角。通过民主党派和无党派人士与中国共产党之间的渊源与一路同行的故事，更加有力地展示了"中国共产党为什么'能'"、为什么他们愿意追随中国共产党等时代命题，用巧妙的角度展现深刻主题，是媒体在宏大主题报道上的创新之作。

多种形式阐述历史，表现新颖

该作品不仅在选题上角度新颖，在表现形式上也更加年轻化、新媒体化。通过用户喜欢的手绘、动画、数字影像等形式，让历史更加生动地展现在眼前，吸引年轻人的兴趣，为用户的党史学习增添了新的动力。同时，该作品还配有解锁关卡、海报生成等新媒体传播的形式，用创意互动，给用户更好的体验感与参与度，这种形式更受到用户的喜爱，也更适合新媒体的传播形态。

以史为鉴，展现内容丰富

作品的内容不局限于大家熟悉的党史内容，以民主党派和共产党人的史料记载为依据，展现了各个党派的诞生时间、诞生地、主要创始人，以及现有成员的状况，新颖的内容更加能够吸引用户的注意力。同时，作品中还用手绘和动画还原民主党派与共产党之间的重要故事，还复原了一些民主党派重要人士的原话。作品细节满满、故事生动、内容扎实、史料丰富，十分具有感染力。

范例【新媒体互动游戏】：一水同舟向未来

来源：CCTV-6 电影频道融媒体中心出品，腾讯区块链提供技术支持、《天涯明月刀》联合推广制作

时间：2022 年 6 月 3 日

【案例简介】

2022 年端午节，海峡两岸赛龙舟活动于 6 月 3 日进行线下的直播开赛。在此背景下，由电影频道融媒体中心出品、腾讯区块链提供技术支持、《天涯明月刀》进行合作，制作推广的新媒体线上互动游戏《龙腾虎跃——一水同舟向未来》发布。该互动作品吸引很多网友一边看直播比赛，一边通过手机进行互动游戏参与到划龙舟的活动中，燃起端午的节日氛围。

该互动游戏参与方式很简单，只需要识别海报二维码进入游戏页面，通过摇动手机创造划动船桨的感觉，5 秒内划得越快，龙船驶得越远，只要超过 50 米便可以获得数字藏品一份。藏品可以在【时空藏馆】微信小程序上查看，也支持分享传播。游戏操作方式简单又很有趣，上线后立刻吸引了很多用户的关注与体验。他们加入晃动手机划船的体验中，还分享给身边的亲朋好友体验，互相比赛看谁划得更远。

藏品主体包含传统的龙舟元素，还有世界文化遗产福建永定

土楼、石狮、灯笼等传统非物质文化遗产，画面精美，很有纪念意义。

该作品上线当天，就刷屏网络，全网曝光量达 3.2 亿，吸引 152 个国家的海外华人共同参与。

【案例解析】

线上与线下活动同步，实现跨屏互动

《龙腾虎跃——一水同舟向未来》的线上互动作品是以线下"龙腾虎跃"2022 海峡两岸龙舟活动为背景。线上线下联动，实现跨屏互动。用户即使不在线下的活动现场，也能够用手机通过简单的操作参与到划龙舟的活动，全民参与的热情高涨，营造了很好的端午节日气氛感和仪式感。

小游戏的设计，体现链接感与趣味性

游戏是更能吸引年轻人关注和参与体验的方式。该作品用简单轻松的设计，让用户可以快速参与进来，并通过 5 秒的时间限制、数字藏品的奖励等机制，更能激发用户的挑战与竞争意识，让用户积极地参与游戏中，实现全民互动参与。重要的是，在游戏的同时，实现文化产品共创，更能够链接到用户，产生强烈的共存感，表达"同舟向未来"的美好愿景。

文化遗产与爆款 IP 联动，传播传统文化

该作品实现了文化遗产与爆款 IP 的联动，让端午的习俗与文化内涵通过线上互动、沉浸体验的方式传播给更多的人，并借助爆款 IP 实现中国"非遗文化"的火热出圈。同时，游戏产品借助龙舟竞技这一端午传统活动，以及融合永定土楼非物质文化遗产的场景，使文化概念变得鲜活、生动，让用户在参与的同时更好传承端午文化、中国传统文化。在数字藏品

的环节，视觉设计上融合了大量的端午元素与非物质文化遗产，同时，数字藏品对每个用户来说也是独一无二的、可以在"时空藏馆"小程序中查看的数字资产，也是很有文化意义的纪念品。

范例【短视频】: 北京反恐特警正式入驻抖音！

来源: 北京市公安局反恐特警总队抖音账号"北京 SWAT"

时间: 2018 年 5 月 3 日

网址: https://v.douyin.com/iRbfm3pP/

【案例简介】

2018 年 5 月 3 日，北京市公安局反恐怖和特警总队正式入驻抖音平台，这支特战队伍曾经担任过 2008 年北京奥运会的反恐力量，之前曾多次向普通市民们举办警营开放体验的活动。

在入驻抖音当晚，"北京 SWAT"发布了第一条视频——"北京反恐特警正式入驻抖音"，短短 37 秒的视频发布 18 小时内，点击量达 3467.8 万，粉丝数破百万，截至目前，这条视频的播放量近 1.1 亿。这是北京警方第一次通过短视频的方式来宣传警队，网友们在视频下方纷纷评论留言，而"北京 SWAT"也多次下场回复网友。

作为首秀，视频内容短小精悍、极具节奏感和画面感，其中紧张刺激的狙击射击、实战演习等场景都是首次出现在视频平台。视频中伴随着当下最热门的"吃鸡"音乐，特警队员们展示着立、跪、蹲、卧、躺等各种持枪射击姿势，还有各类体能训练、狙击射击训练科目，特战队员们集结迅速、花式登场，"作战现场"的紧张气氛一触即发，真实地展示了特警队员日常快节奏的训练场景。

北京反恐特警总队成立以来从未登录过其他社交平台，而凭借这条视频，北京特警的抖音账号粉丝量迅速增长，粉丝数量增长过百万。

【案例解析】

抓网络热梗一击即中

"北京 SWAT"的视频使用"吃鸡"游戏的背景音乐，大量使用画面滤镜特效、字幕节奏十足、第一视角切入以及鬼畜回放等多种时兴元素，训练时的射击动作画面与音乐节奏和枪声特效卡点搭配，极具节奏感，吸引了大批的年轻网友。日常训练的各类丰富素材加上网络热梗和热点的搭配使用，令宣传效果倍增，迅速吸纳了大量网友关注，在网络上掀起了热潮。

融媒体平台专群结合

对于网友们而言，"北京 SWAT"等各政法机关其工作性质较为严肃，始终蒙着神秘面纱，保持着距离感。近年来各政法机关纷纷进驻网络平台，下场互动，通过融媒体平台开展各项极具特色和工作特性的宣传活动，发布各类视频作品，既达到政法机关工作属性的警示和宣传作用，又增进与人民群众的熟悉度与关注度，最大限度地取得人民群众的支持和协助，已经成为新时代专群结合工作的有效措施。

改"文风"弘扬正能量

各大网络平台的文化娱乐产品较为丰富和多样，其制作者、受众以及作品内容来源于社会的方方面面，既有阳春白雪，也有下里巴人，同时鉴于网络平台参与的低门槛特点，产品存在良莠不齐的现象。而各官媒的进驻，不仅能展现其工作特点、宣传各自精神风貌，更能够通过各类视频作品丰富平台的文化内容和网友的精神世界，弘扬主旋律，传递正能量。

范例【动画】：深圳红·第一个党支部的诞生

来源：深圳特区报·读特客户端

时间：2021 年 6 月 30 日

网址：https://weibo.com/tv/show/1034:4653806030618643?from=old_pc_videoshow

【案例简介】

2021 年 6 月 30 日，深圳特区报·读特客户端为庆祝中国共产党成立 100 周年，推出深圳首部原创党史黏土动画《深圳红·第一个党支部的诞生》,《深圳红》被国内外超 70 家媒体平台转发，线上线下反响强烈，全网播放量超 3.2 亿。

动画讲述了深圳第一个党支部的主要创建者黄学增在深圳开展农民运动以及党支部建立的故事。1924 年，中共党员黄学增、龙乃武和何友逖以国民党中央农民部农运特派员的身份来到深圳（史称宝安县），根据中共广东区委指示开展农民运动。面对猖獗作恶的豪绅地主，黄学增紧握拳头，决心带领农民奋起反抗。他们组织广大农民团结起来，反对苛捐杂税，与豪绅地主作斗争，并从农民运动中吸收骨干精英加入中国共产党、建立党小组，随后组建了深圳地区第一个党支部——中共宝安县支部，建立起了农民自卫军，点燃了深圳地区的革命烽火。

【案例解析】

硬核动画，新体裁讲好红色故事

在融媒体时代，如何讲好党史是摆在我们面前的一道新题。在这段 3 分 10 秒的视频中，通过黏土动画的人偶形象和定格动画的形式生动地再现了黄学增等革命先辈在深圳地区开展农民运动、建立第一个党支部的红色历程，是媒体融合时代红色教育的成功案例。动画短片在体裁的运用上实现了新的突破，精要的故事线索、叙事性的演绎推进，简单而又生动，直接而又精炼，使广大受众深受教育，备受鼓舞，反响热烈。

寓教于乐，"反差萌"人民大众喜闻乐见

不同于以往的党史宣传形象，《深圳红·第一个党支部的诞生》采用黏土动画的形式，将一个个历史角色用黏土人物演绎出来，可爱生动的人物角色和简明扼要的史实，不同于以往常规的严肃风格，"反差萌"的风格老少咸宜、圈粉无数，既能够激发观赏者对党史故事的学习兴趣，延伸受众的年龄群体，又能够增加红色宣传的覆盖面，还能够提高党史教育的渗透力，网友们纷纷点赞，称其为"可爱的党史剧""好生动有趣的动画作品"。

创意破圈，用心传播红色记忆

以深圳特区报为代表的各大官媒不断推出一个又一个优秀的创意融媒作品，它们爆火破圈的原因不仅仅是外在形式的改变和人物形象的创新，更在于不变的主旋律的精神内核抓住了青年受众的兴趣点。青年人既是媒体融合不断创新发展的主力军，又是红色教育、党史教育的主要受众，他们既是文化产品

的创造者也是享用者。在始终坚持以高尚精神塑造人、以优秀作品鼓舞人、以正确的舆论引导人的原则基础之上，还要不断探索新媒体时代受众的"年轻态"特征，不断推陈出新，让红色记忆深入人心。

"反差性式" 文案

反差制造了冲突，冲突带来反常，打破常态、出人意料的内容会激发受众的阅读冲动和好奇心。新媒体创作中，抓住心理反差效应，能够让概念、情绪和观点的表达更有冲击力，加深受众的印象，收获良好的传播效果。本主题下的案例中，张桂梅的故事展现了同一个人物身上不同标签的反差；民警救人的新闻突出了跳楼的危机场面与放歌消遣的反差；上海二三十年间的今昔对比反差通过影像资料被展现得淋漓尽致。反差性究其本质就是打破尝试认知和印象，突出新鲜、新颖，归根结底是新闻价值判断的基本要素。

范例【文章】：高考第二天，1645 个女孩只想感谢她

来源：ONE 文艺生活

时间：2020 年 7 月

网址／二维码：https://mp.weixin.qq.com/s/JBmbqmTe8wuCE
ZAu3J-Nuw

【原文节选】

大家感慨，相比起来，城市里的孩子确实拥有更高的教育水平和资源。

但是，我突然想到前几天看的采访：

大山老师张桂梅，带领 1645 个寒门学生走出大山，走向武大、浙大、厦大、川大……

也许教育差距确实越来越大，但是，仍然有人在孜孜不倦地弥补裂缝。

今天的人物，就是乘风破浪的姐姐——张桂梅。

……

姐姐来了："我救了一代人"

魔鬼学校里，学生们没有辜负这番心血。

还有个女孩接受采访时说："好好学习，就是想走出去。"

217

大山局限了她们的视野，想走出去的理由极其淳朴——

只是不想像同龄人一样，嫁人喂猪干农活。

华坪女高实现了大多数女孩的梦想，来看几个数据：

2011 年，第一届学生毕业，本科上线率 63%。

2019 年，本科上线率升为 82.37%。

2011 年，一本上线率 4.6%。

2019 年，一本上线率升为 40.67%。

排名全市第一。

但，张桂梅还是不够满意。

她要的是 100%，不丢下一个女孩。

在采访里，我印象最深的是一个考上浙大的女孩。

她毕业后结婚生女，过得很幸福。

张桂梅问她：你咋不（再）生一个儿子？

女孩回答："老妈，你忘了我的身世、我受到的教育了吗？"

儿子和女儿是一样的！

说实话，我当时差点落泪。

走出大山的女孩们，见识到更广阔的天地。

不会像她们的母亲那样，从受害者变成施害者。

而是彻彻底底地挣脱了原生家庭的禁锢，从心底消除了性别歧视。

还有很多女孩，毕业的第一份薪资，全部交回给母校。

不只是对张桂梅和母校的报恩，更多的是这样一种心态——

"姐姐已经走出来了，妹妹们别怕，我们会带你出来的。"

在这一刻，我看到的是女性之间的情谊联盟。

像滚雪球一样，越来越大，越来越坚固，有力无畏，冲破藩篱！

【案例解析】

　　这篇文章中的主人公张桂梅是近年的先进典型人物，相关报道厚重翔实，十分出彩。例如，新华每日电讯刊载于 2020 年 7 月的文章《"燃灯校长"送 1600 多名女孩出深山》荣获了第 31 届中国新闻奖报纸副刊类一等奖，文章细节丰富，催人泪下。可是，如果你运营着一个清新文艺范儿的新媒体，会有足够的胆量和新意，用符合平台调性的内容来展现这位了不起的女性吗？案例文章在这方面的处理方法或许可能以我们一些启示。

　　利用热点时间点、关键词。第一，文章标题利用了"高考"这一热点时间点，用大热综艺"乘风破浪的姐姐"来形容张桂梅。这些热点关键词更靠近该公众号的读者群体。第二，加大故事冲突和人物反差。文章第一、第二个小标题分别是《魔鬼，五点半就逼学生起床》和《天使，我要让大山女孩走出去》。"魔鬼"部分展现了张桂梅严苛凶悍，顾不得亲人的"狠人"一面；"天使"部分介绍张桂梅反抗重男轻女的腐朽思想，为女孩们争取教育资源，呵护少女自尊和地位的大善之举。展现张桂梅的多面性，增加人物身上的反差性和立体感。第三，新视角解读意义。对于人物意义，文章没有落在张桂梅本身，而是继续借用热点事件的衍生话题"姐姐来了"，把结尾落在女性互助、女性友谊的角度上，更加符合网络上的年轻人对"女性力量"的理解，引起共鸣。

范例【文章】：男子想跳楼，民警却在一旁放起歌

来源：中国普法

时间：2023 年 2 月

网址 / 二维码：https://mp.weixin.qq.com/s/cjnniPrWxGjs4I2-gv9ojg

【原文节选】

"你哪年生人？

我给你放 60 年代老歌吧。"

近日，北京一男子坐在楼顶想要轻生

民警来到现场与其耐心交谈

趁男子卸下防备

民警纵身一跃，抱住男子的小腿

其他民警也飞扑上来

仅用 1 秒就将其拖至安全地带

（原文插入短视频）

这位民警名叫张昊

是北京市公安局朝阳分局

反特巡支队副支队长

当天，他和另外两位民警一起

对轻生男子进行心理疏导

助其打开心结

"你想过没有，你这样下去了，

你的家人怎么办？"

民警的耐心交谈

使男子逐渐卸下防备

不一会儿，男子说想要些纸巾

民警意识到这是一个好机会

便立即向各路警力通报，准备行动

一切就绪后

民警将纸巾递到该人面前约半米处

就在男子放松警惕

上前拿纸的时候

张昊突然间纵身一跃

一把将男子拽住

然而，男子所在地方是一个小平台

比楼顶高出一截

张昊虽然奋力向前

却只能抓到男子的小腿

男子使劲挣脱

张昊用尽全身力气

死死抓住不放

说时迟、那时快

后方警力闻讯而动

以最快的速度上前合力将该人控制

而后带至安全地带

经初步检查

该男子身体并无大碍

在进一步劝说下

其情绪最终平复下来

【案例解析】

我们阅读案例文章的标题是否发生了这样的心理活动：我知道民警放歌的行为虽然反常，但一定是为了救下男子，打消他的自杀念头。可是，我真想点开这条新闻，想看看放歌救人究竟是什么样的因果链条，好想知道到底放了哪首"神曲"？想知道结果如何？如果你的回答是"是"，那么这则标题同样击中了你。不过，打开推送你会发现，它只是一条简单的社会新闻，400 来字叙述来龙去脉，一条 50 秒的现场短视频，几张从视频里截取的动态图，一张网友的评论截图，这就是全部配置。文章收获了 10 万＋的阅读量，1100 多个点赞。

我们在过往的案例中，见识了许多技法、巧思，我们分析了哪些文章在刺激情感，哪些文章成功地唤起共鸣，哪些文章有专业格调，哪些选题角度令人耳目一新，还分析了怎么运用事例丰富观点，怎么从很多人的经历中提炼打动人心的共性……但是千万别忽视了，很多只从事新闻宣传的新媒体，也有激起读者点击冲动的本事。作为读者，我们可能略感失落，原来只是这么简单的新闻，原来放歌只是救人的手段之一，根本没起决定性作用，甚至我们依然不知道究竟是哪首歌。但作为写作者，我们或许会时不时地想起这个把自己"骗"进来的句子。

范例【文章】：他今年3岁，他今年30岁……

来源：上观新闻

时间：2020 年 11 月

网址 / 二维码：https://export.shobserver.com/baijiahao/html/
311031.html

【原文节选】

他俩

一个"3 岁"

一个"30 岁"

相处一地

2020 年

新的故事又来了

……

古人说"三生万物"

他用 3 年

汇聚世间万千好物

共享成长发展机遇

他是中国国际进口博览会

三十而立

他用 30 年

勇立潮头、乘风破浪

成为一颗闪耀的东方明珠

他是上海浦东新区

2018 年

他 1 岁

乘着东方风来

踏进改革开放的大潮里

作为世界上第一个

以进口为主题的国家级展会

他促成了 578.3 亿美元的意向成交额

与浦东的辉煌成就

交相辉映

2000 年

他 10 岁

认定了方向，勇往直前

用好国内国际两种资源、两个市场

积聚资金、引进技术、吸引人才

黄浦江东岸奇迹不断，让人艳羡

2019 年

他 2 岁

尽管遇到险滩暗礁

但大江大河仍奔腾向前

昼夜不息、不可阻挡！

站在新中国成立 70 年的历史节点

郑重宣示中国开放的大门

只会越开越大

181 个国家、地区和国际组织

3800 多家企业相聚申城

2010 年

他 20 岁

昔日田间巷陌，变成林立高楼

面貌沧海桑田，人间百舸争流

奔向国际金融中心和国际航运中心

年轻有为冲劲足

他时时在突破

2020 年

他 3 岁，他 30 岁

疫情下，世界面临百年未有之大变局

不管遇到什么风浪

人类社会总是要前进的

而且一定能够继续前进

他如期而至

成长为国际采购、投资促进

人文交流、开放合作的四大平台

他奋勇向前

继续争做改革开放的排头兵

创新发展的先行者

敢向时代潮头立

而今迈步从头越

背靠长江水、面向太平洋

上海

这座开放、创新、包容的城市

是新时代中国发展进步的生动写照

他们被孕育

他们在成长

正携手走向更加美好的未来

【案例解析】

该案例文章将反差点落在两个描述对象的"年纪"上，一个 3 岁，一个 30 岁，令读者好奇，二者为什么要相提并论，有什么特殊的关联？点开正文才能将答案揭晓。

2020 年 11 月 5 日，第三届中国国际进口博览会（简称进博会）在上海举办。文中"3 岁"的他，即指进博会。1990 年，中共中央和国务院决策开发上海浦东，文中"30 岁"即指浦东新区。

案例文章的第一个亮点是将一个国际化展会和一个市辖区分别拟人化，用人的生长过程类比二者的发展壮大，赋予他们年轻、有冲劲儿等人格化的性格特点。第二个亮点是文章分别列出进博会和浦东新区两条发展线，例数二者在发展中的关键年份、里程碑和重大意义，言简意赅，干货满满。第三个亮点是配图，制作大量卫星动图，直观展现出浦东新区乃至上海市数十年间翻天覆地的发展变化。该案例获得了第 30 届上海新闻奖。

范例【专题】："中国一分钟"系列微视频

来源：人民日报社

时间：2018 年 3 月

网址／二维码：

第一集《瞬息万象》：https://wap.peopleapp.com/article/1048632/1067556

第二集《跬步致远》：https://wap.peopleapp.com/article/1071352/1093077

第三集《美美与共》：https://wap.peopleapp.com/article/1087968/1111264

【案例展示】

《美美与共》文案

一分钟，世界会发生什么……

一分钟，2 架次国际航线飞机在中国起降

一分钟，55 名外国人来到中国领略华夏文明

一分钟，2370.7 万元的商品进入中国

一分钟，272 位国人出境，寻访大千世界

一分钟，国人境外旅游消费 36.07 万美元

一分钟，从深圳开往明斯克的中欧班列前进 2000 米

一分钟，超过 2300 部手机销往全球

一分钟，2917.1 万元的商品走出国门

一分钟，154.3 万元资金投向海外

一分钟，中资企业向东道国纳税超 5.7 万美元

每一分钟，为世界添彩

一分钟，中国美食飘散一种味道

一分钟，中国文化传递一种韵味

一分钟，中国创新提供一种捷径

一分钟，中国北斗指引一个方向

一分钟，北京冬奥发出一份邀请

"中国人民愿同各国人民一道，推动人类命运共同体建设，共同创造人类的美好未来。"（习近平原声资料）

中国奇迹　与世界共精彩

【案例解析】

用一分钟展现几十年的发展变化，用一分钟撬动文化和历史，用一分钟对比大数量级的成就。这个系列的一分钟微视频像珍贵的缩微胶片，能装得下整个中国的历史大变化。用极端的时间更新受众对祖国的认知，策划上的反差感决定了制作的难度，但也给作品奠定了无与伦比的格调和意义。

该案例专题是国家形象宣传片系列中的一个作品，发布于 2018 年全国两会期间，创意策划定位于选择小切口，探讨大主题，从全新的视角展现中国改革开放以来的整体成就，迎接改革开放 40 周年。案例荣获了第二十九届中国新闻奖特别奖。

在内容创作阶段，制作团队放开报道视野，广泛搜集了各个领域的发展成就，梳理了海量的宏观数据，选择其中最具代表性

和说明性的内容，以一分钟为基本单位，进行了数据化呈现。文案编辑上既有精确数字的说明，也有抽象观念的表达，例如《美美与共》篇中，对于出境人数、消费金额、投资纳税等话题，用准确的数字做具体说明，而对于美食、文化、创新等宽泛的话题，则进行了虚化概括。案例的整个采编过程体现出制作团队敏锐的新闻价值判断力和强大的文字表达力。视频制作方面，案例选取的画面与文字内容高度贴合，同时注意画面的直观呈现力，审美水平，整体上达到了直抵人心、温暖人心、鼓舞人心的效果。

在社会影响方面，人民日报依托两微一端账号发布该系列作品，线上阅读播放量超过 24 亿，线下覆盖用户数超过 2.5 亿；公众号平台篇篇阅读量达到 "10 万＋"；微博话题阅读量超 9.4 亿，参与讨论达 46.9 万。作品还被各大门户网站、平台、其他主流媒体转载和报道，并打通了海外传播渠道，引起国际关注。另外，"一分钟"系列的策划创意迅速成为党政新媒体融合报道的标杆性创作范例，引发广泛的借鉴模仿，影响深远。

范例【短视频】：你很优秀，可惜你是个女的

来源：深圳卫健委微信公众号

时间：2021 年 3 月 7 日

网址：https://mp.weixin.qq.com/s/tIOkM4VL4RTgUnFk9yGeqA

【案例简介】

2021 年妇女节当天，深圳市卫健委微信公众号发布的短片《你很优秀，可惜你是个女的》爆火于网络。短片通过 4 个场景，展现了女医务工作者经常面临的四个典型性别歧视现象：

（一）职场性别歧视

一位女医务人员在面试，前几轮成绩都很好，面试官的反馈却是："作为一名外科医生，你的性别，可能不占优势。"

（二）职场性骚扰

一位护士给病人量血压被性骚扰，得来领导的反馈却是："这事啊，不要再扩大了。患者现在投诉过来也很麻烦，你们女孩子，平时也要多注意点。"

（三）单身未婚被议论

一位女领导因批评两位下属犯低级错误，却在路过茶水间时听到关于"她"的对话：

"你看，这女人一旦到了这个年纪，还不结婚，多少是有点

问题的。"

（四）着装歧视

短视频个人账号里，下班后的女医生变身精致辣妹，但却遭到键盘侠的质疑和否定："医生穿成这样合适吗？""这样的医生谁敢让她看病？"

……

短片里

被职场性别歧视的求职者面对歧视毅然回复："我还是会选择做一名外科医生但不是在这儿。"

被性骚扰的女护士，面对息事宁人的领导，泼了他一身冷水，潇洒转身；

面对被下属茶水间的吐槽，那位女领导勇敢地出现在车水间，当面质问他们口中的偏见；

但就在这大快人心，让人直呼过瘾，准备拍手叫好的时候，接下来画面的却是：4个场景中的女性全部选择沉默。最后出现的字幕将主题推至高潮：现实并没有那么多大快人心的反击，性别暴力依旧在沉默中上演。希望每一位女性，都能被尊重，平等对待！

【案例解析】

热点话题，引发强烈共鸣

本片通过场景再现，直插痛点。画面没有煽情，没有说教，没有歌功颂德，简单直白地阐释出面对各种歧视时女医务工作者的无助。很多医护工作者看完直呼"代入感太强"。正如参演医生对媒体讲的那样——"片中的故事，可能每一天都在上演。"尽管短片里的主角都是女性医护人员，但我们能看到社会强加在每一个职业女性身上的偏见、不公。诸如"被骚扰了被怪穿得少""大龄未婚一定是哪里有问题""已婚未育求职难""女性污名化"等问题，不少网友纷纷留言，感同身受。

文案戳心，掷地有声

这条短片最能引发共情的不是四个受歧视的场景，而是片尾的字幕："现实并没有那么多大快人心的反击，性别暴力依旧在沉默中上演。"我们原本希望受歧视的四位女性都能勇敢地回怼对方，然而那寄托于希望的美好只是想象，短片画面一转，她们都选择了沉默、忍耐。而这更是激发了大众的不甘与反思，"别因为她是一个 woman，就忘了她也是个 human"，再次激发了人们对于性别平等的争夺、反抗和渴望。

官方发声，强势引领

原处于民间声量并不大的争议话题，被官方强调、放大。一方面，官方的介入能利用自身资源优势，畅通表达渠道，通过议题设置及精彩内容重点分发等，引发社会讨论和大众关注。另一方面，通过制造有影响力的作品也将有效助推反性别歧视的人群的力量，鼓励更多人群不再隐忍，敢于反抗。

范例【短视频】：北京一处级干部当外卖小哥

来源：北京日报微信公众号

时间：2021 年 4 月 28 日

网址：https://mp.weixin.qq.com/s/_LybzgGq0tYgyMsNTttzXw

【案例简介】

这是在 2021 年北京卫视纪录片《我为群众办实事之局处长走流程》播出后。2021 年 4 月 28 日在北京日报微信公众号上以"12 小时赚 41 元"为新闻点，对内容进行二次编排制作，在新媒体平台发布传播。

内容上综合简短的图文消息，还有视频和动图的形态呈现。该文章在微信的第三条推送，一经发出点击量快速攀升，阅读量达到 25.5 万。该内容也被人民日报、新华社、央视等多家权威媒体转载，获得现象级关注与讨论。在北京日报微博也进行了相关的话题推送，并申请话题投票，让话题更具讨论性。短时间内多个话题登上热搜榜，引发用户积极参与互动和讨论，将内容引入更广、更深的传播范围，无论在微博、微信、朋友圈多平台都起到了刷屏的效果。该新媒体新闻作品获得第 32 届中国新闻奖获奖作品三等奖。

【案例解析】

及时发现新闻点，标题具有话题性

北京日报的编辑第一时间关注到短视频新闻《副处长变身外卖小哥累瘫街头》，用敏锐的视角发现了该视频内容的新闻点和传播点。以"12小时赚41元"以及"副处长变身外卖小哥"，这两个极具话题性的角度作为主题。平凡劳动者的辛苦与所赚得回报，以及主人公副处长与外卖小哥身份的反差，快速形成关注点、讨论点和用户的共鸣。在新媒体呈现形式上，通过短视频、短文字、动图、网友评论等综合编辑，更符合新媒体短平快的特点，都为内容的现象级传播奠定基础。

多平台同步发力，扩大传播效果

该作品在微信公众号传播之后，还充分发挥融媒报道的优势，在微博等多平台同步发出，根据不同平台的属性进行相关运营。比如，在微博推送稿件的同时，申请进行话题投票，引导用户参与到内容生成中，并主持#副处长送外卖12小时赚41元#这一话题，该话题占据热搜榜首达半日，阅读量超过6亿，讨论量上万。同时，还有多个话题也引发关注与刷屏。聚焦有价值的新闻点，再通过精选编辑与内容运营，发挥融媒报道的力量还有用户互动的内容，形成了广泛的传播态势。

内容导向积极，发挥媒体报道力量

作品内涵丰富，导向积极，通过新闻传播既展现了党员干部深入基层的创新工作方式，同时也让大家看到了普通外卖员平凡工作中的不易，以及这其中存在的相关社会议题，充分发挥了媒体报道的力量。通过媒体的报道与传播，权威媒体的相继转载，以及在用户的讨论与关注下，推动美团、饿了么等平台作出相应的改变与回应。新闻发出一天后外卖平台相继作出回应，表示会对工作软件作出相关升级，并努力提升外卖小哥们的工作环境。

范例【慢直播】：你好，哨兵

来源：解放军新闻传播中心账号中国军号

时间：2021 年 12 月 31 日、2022 年 7 月 31 日、2023 年 1 月 21 日

网址：

https://weibo.com/2280198017/L8CZwfdSN

http://www.js7tv.cn/video/202208_284034.html

https://www.js7tv.cn/video/202302_295803.html

【案例简介】

"你好哨兵"系列慢直播是解放军新闻传播中心所属新媒体"中国军号"自 2022 年元旦精心打造的品牌栏目，旨在讲好一线边防战士的坚守故事、传递强军正能量。至今已推出 5 次活动，累计在线观看人数超过 3.5 亿。

2021 年 12 月 31 日晚 8 时 30 分—2022 年 1 月 1 日 12 时，"中国军号"发起《你好哨兵 我陪你站岗》跨年慢直播，邀请广大网友陪同边防官兵在喀喇昆仑哨所和南海岛礁一起"云戍边"，一起迎接 2022 年的第一缕阳光。该直播吸引超 5200 万网友与戍边官兵一起"云跨年"，创造了军事题材直播报道新纪录。

2022 年 7 月 31 日 7 点—8 月 1 日 7 点，"中国军号"为了庆

祝中国人民解放军建军 95 周年，重磅推出《你好哨兵》建军节特别直播，邀请网友陪同喀喇昆仑某哨所、怒江片马边防哨所、二连浩特某边防哨所、刘公岛雷达观察所、鼓浪屿信号台五地的战士们一起"云站岗"。

2023 年 1 月 21 日，"中国军号"发起"你好哨兵"除夕夜慢直播，镜头聚焦新疆阿拉山口，一个每年八级以上的大风天气达160 天以上的地方，这里的联防连战士在气温 –13℃至 –21℃中，与风雪为伴，严守国门，保卫边疆。

2023 年 2 月 5—6 日，"中国军号"再次推出"你好哨兵·情暖元宵节"慢直播，镜头聚焦习主席今年春节前夕以视频方式检查部队战备工作并亲切慰问的新疆军区红其拉甫边防连执勤哨所，这里平均海拔 4700 多米，最低气温零下 40 多摄氏度，含氧量不足平原一半，是名副其实的"生命禁区"。

【案例解析】

"动与静""热闹与清冷"，特殊节日节点营造强烈反差

跨年夜、除夕夜、元宵夜，有的一家老小团圆相聚，沉浸于团圆饭前后的美味与热闹；有的看着各类晚会歌舞表演或者小品相声，沉浸于灯光舞美抑或哈哈大笑；而有的只能在慢慢黑夜狂风凛冽中，屹立不动地站岗执勤。一边是温馨热闹，一边是寒冷孤寂。像除夕夜的《你好哨兵》慢直播，所在地温度是 –13℃至 –21℃，大风 8—10 级、阵风 11—13 级，当处于热闹放松的节日氛围的观众进入直播间时，那种恶劣的环境与大部分人所处的祥和热闹形成巨大反差，不禁让人肃然起敬，引发网友共情。

矩阵分发，突破传播圈层

军事垂类内容因其专业性、垂直性等特点，在其以往传播

过程中，用户具有一定的局限性。2021 年 12 月 31 日，"中国军号"打通报纸、广播电视、新媒体全业态资源，推出"你好哨兵 我陪你站岗"慢直播，在内容生产和分发上成功"破圈"。如"你好哨兵"除夕夜慢直播中，武大靖、丁宁、郑姝音、赵帅等体育健儿纷纷送上祝福，邀请观众进入直播间，和风中哨兵一起"云站岗"。从"你好哨兵·情暖元宵节"慢直播分发矩阵来看，本次慢直播共计参与账号 69 个，其中有来自解放军新闻传播中心所属的新媒体账号共 52 个，外部新媒体账号 17 个。活动同时还联动了人民日报、人民视频、央视频、学习强国、直播中国等多家中央级媒体或主流媒体平台进行了转播，多达 30 余家。打破资源壁垒，广泛联合多媒体平台合作，注定能使"军事题材"覆盖更多传播场景和领域。

加快媒体融合，技术赋能

"中国军号"能够保障在高温、高寒、高海拔等恶劣条件下的传输信号进行慢直播，可见他们在 5G+4K/ 8K+AI 等新技术的应用下足了功夫。实时性、现场感的慢直播，加之直播间"弹幕"实时评论互动的功能，不断助推该内容的影响力。而"中国军号"所属的解放军新闻传播中心，推进报网融合，建成全军第一个"全媒体采编系统"，使"一次采集、分类加工、多元生产多渠道传播"的全媒体生产成为常态。这个聚合解放军新闻传播中心所有媒体平台、军队其他媒体和地方优质军事内容资源的旗舰平台，如今还在加速推进融合生产系统——"军媒智云"的建设，利用技术为传播赋能。

范例【短视频】：无论你的故事多么悲伤，那都不是你犯罪的理由

来源：抖音号"@四平警事"

时间：2018 年 12 月 11 日

网址：https://www.douyin.com/video/6633696170113764616

【案例简介】

2018 年 12 月 11 日，吉林省四平市公安局的官方抖音账号"@四平警事"发布了一条视频作品。视频时长 59 秒，在短片中通过角色表演的方式演绎了一段普法小故事。一男子驾车出行的时候，遇到了 102 国道"张道长"以及"道委吴书记"进行拦路抢劫。两个人用幽默的句子对上暗号，还说着，"嘎哈嘎哈，抢你呗嘎嘎哈！"等着按人头收费的两个人上了车才发现车里都是警察。两个人开始表演上了苦情戏，说自己是苦命的孩子，最终两个人因为涉嫌拦路抢劫，处三年以上十年以下有期徒刑，也展现了短视频的主题："无论你的故事多么悲伤，那都不是你犯罪的理由。"

该视频一经发出，立刻火了起来。无论是董队长警察的角色，还是 102 国道"张道长"和"道委吴书记"都成功出圈，并拍摄了系列的剧情短视频，该视频累计点赞量已经达到 300 万次，官方抖音账号粉丝达到 1800 万，网友评论说，"太好玩了，感觉在

官方号下追起了连续剧。""@四平警事"账号也获得了"全国公安政务新媒体十大影响力账号"、第二届中国警务视频评选"十佳政务抖音号奖"等荣誉。

【案例解析】

摆脱主流话语，创新"政务号"宣传思路

现如今随着新媒体的发展，很多官方都开始开通了政务账号。在大家的认知中，政务媒体、主流账号、普法栏目都意味着严肃与规范，大部分的内容都是图文宣传为主，也有一些视频宣传，但大多是比较正式的视频普法讲解。而"@四平警事"账号的运营人员摆脱了这一刻板模式，积极创新宣传方式。因为四平的地区资源有限，本身影响力不大，所以他们突破了图文为主的传播形式，将真实的警情事件编成搞笑的系列短剧，用短视频的方式展现公安生活。无论是选题策划、剧情表演还是台词设计，都足够幽默有趣。用一种用户喜欢的方式，让大家在了解公安工作日常的同时，也得到了普法教育。网友纷纷为这幽默的表演以及接地气的普法形式点赞。

合理把握幽默的尺度，把宣传做得有温度

过度的幽默和娱乐化容易导致宣传目标走偏，消减法律在人们心中的庄严性，只有合理把握好幽默的尺度，宣传效果才可持久、宣传导向才不会跑偏。该视频的主题聚焦了拦路收费这一普法主题，主要目的是告诉大家不管是否苦情，都不能犯罪，涉嫌拦路抢劫会被判处三年以上十年以下有期徒刑。定了这个大主题后，所有的剧情、台词都是紧紧围绕着这一目标，即使语言表达、情节设计以及表演形式上都以幽默搞笑为主，但是主基调仍然是不变的。在该大主题的背景下，用有温度又鲜活的宣传，让老百姓得到启发，做到宣传效果深入人心。

范例【短视频】：欢迎回到上海 90 年代

来源："上海市民生活指南"视频号

时间：2021 年 5 月 15 日

网址：https://www.bilibili.com/video/av630561722/

【案例简介】

影像资料是最能直观体现变化、反差的呈现手段。2021 年 5 月，"上海市民生活指南"视频号上发布的视频作品《欢迎回到上海 90 年代》可谓通过视频手段营造反差感的佳作。该作品时长为 6 分 3 秒。该视频介绍了秦兴培拍摄的 20 世纪 90 年代初上海风貌，不仅有著名地标，还有弄堂人家的真实生活场景。

秦兴培是出生在上海、成长在上海的上海人，因此对上海有着深深的情感。1982 年，他赴美国留学，后定居纽约，在 1993 年回国探亲前，因为听说上海很多地方要动迁，于是不计代价地买下手持摄像机想要记录这些场景。回到上海的两个月，秦兴培走遍 10 个中心市辖区，用摄像机记录当时的生活场景，不仅有关键地标、名人故居，还有街头生活，卖拳头、卖香蕉、小菜场，上海街上的一切，所看到的真实生活都是他用来拍摄的素材。1993—2012 年期间，他总共拍摄了 3 万多幅照片和数十小时的视频，记录了 90 年代真实的上海情景。

2015 年，秦兴培开始整理并在网络上发布相关影像，引发小范围的关注。"上海市民生活指南"发现后，将这些老上海的视频整合剪辑，并通过旁白的方式进行解说，视频发布在视频号上，立刻火爆网络，很多媒体转载，引发一波怀旧热潮。大家通过上海市民生活在二三十年间的巨大变化反差，直观领略了上海的飞速发展。不少网友表示，几乎每个上海人都能从中找到共鸣。

【案例解析】

稀缺内容，吸引用户注意力

"物以稀为贵"，90 年代的上海照片与视频在传播上属于稀缺资源。正是因为在 90 年代，摄像机很稀缺，当时的上海人也不太舍得用胶卷，所以很少有人有记录过这些信息，很多网友也都没有看到过这些照片。视频中不仅有标志性的上海地段，还有很多经常被影像记录遗忘的区域，所以这段视频比传遍大街的信息更有吸引力，也更受用户的青睐，使得点击率更高。

真实影像，展现城市气质

该视频以纪实的方式呈现，大量有着时光记忆的人物、街景素材的真实影像在短短的 6 分钟内密集展现。视频通过讲述秦兴培拍摄故事的方式，展现大量的 90 年代上海的细节与故事场景，用小照片展现当时的城市气质，引起广大网友对过去时光的怀念。同时，在对比中，网友纷纷感叹自己好似坐了时光机，惊叹于时光的流逝，也感受到上海这些年巨大的发展与变化，将上海这座城市的内涵与气质展现得淋漓尽致。

用户群像，引发情感共鸣

该视频的文案以及背景音乐极其走心戳人。视频中的珍贵影像也展现了 90 年代上海人的穿着、发型、生活以及精神状态。视频发布后立刻引发怀旧热潮，不少网友感叹，在这段视频里找到了共鸣，甚至有网友在其中看到家人的照片。这是回不去的上海，也是属于上海人的乡愁。该视频点燃了大家对上海发自内心的热爱以及对过去时光的怀念。在情感上引发用户共鸣，更能戳中人心。

"新知类式" 文案

本主题下的"新知"并非单指严谨、科学的知识，而是泛指一切站在读者角度而言应知、乐知却暂且未知的信息。值得注意的是，建立在一定认知基础上的未知信息要比百分之百陌生的内容更容易被受众所接受和记忆。面对任何选题，尤其是公众耳熟能详的对象，我们都应该沉下心把功课做扎实，思考在已知的基础上，从哪些角度、哪些层面还能挖掘到被大家忽略的有价值信息。找到让读者直呼"长知识"的内容点，能让你的内容在千篇一律、人云亦云的作品之中脱颖而出。创作中，注意将新知识点放在标题、开头位置，或者作为主要内容予以醒目的呈现。简单浏览一下本主题下的所有案例，我们就会发现，作者们几乎都把"新知识"放在了标题中，可见，大家都希望通过展现内容的信息量来提升作品在受众眼中的阅读价值。

范例【文章】：ChatGPT 幕后的真正大佬……

网址 / 二维码：https://mp.weixin.qq.com/s/wTa5KtjEM
GGHx7KmiYc3Rw

来源：量子学派

时间：2023 年 2 月

【原文节选】

ChatGPT 红得发紫，强得让人类心悸。

但在它的背后，还隐藏着一位真正的大佬。

可以说，与它相比，ChatGPT 其实只是它的一个跟班小弟。

或者说，只是它掌控家族中的一个比较靓的仔。

这位大佬自 2017 年问世以来，隐约已成为 AI 领域的基石
王者。

它的名字叫做——Transformer！

Chat 不重要，GPT 才重要

先拆解一下 ChatGPT，它由 Chat 与 GPT 两部分组成。

聊天不重要，GPT 才重要。

那什么是 GPT，它的全英文是 Generative Pre-trained
Transformer。

翻译过来就是——生成式预训练的变形金刚。

⋯⋯⋯

强大的变形金刚 Transformer

Transformer 的定义清晰明了：

是用于自然语言处理（NLP）的神经网络架构。

在 Transformer 出现之前，人工智能研究领域百家争鸣。

Transformer 出现之后，格局开始变了。

开始打压如日中天的循环神经网络（RNN）和卷积神经网络（CNN）。

⋯⋯⋯

统一自然语言 NLP

人工智能的一大研究方向，首先是自然语言处理 NLP 领域。

自从 Transformer 出现后，全球 NLP 领域的人工智能的工程师们望风影从。

Transformer 在该领域的进展所向披靡，不可阻挡，原因如下：

⋯⋯⋯

藏不住的野心：统一计算机视觉（CV）

除了 NLP，人工智能的另一分支是计算机视觉（CV）。

Transformer 最开始，只是专注于自然语言的处理。

NLP 曾经落后于计算机视觉，但是 Transformer 的出现迅速地改变了现状。

一出生就风华正茂，用来形容 Transformer 毫不为过。

它催生了一大批举世瞩目的模型，达到了令人类不安的程度。

⋯⋯⋯

【案例解析】

这是一篇硬核科普文章，借助大热的 ChatGPT 向读者科普其背后的 Transformer，内容包括框架拆解、技术谱系、研发、应用、价值与 AI 领域的未来展望。硬核的科普文通常需要科学严谨的表达，文本表现的专业性、学术性增加了理解难度，对普通读者形成了阅读壁垒。如何吸引行业以外的读者，将硬核科普内容做成传播度不低的爆款文呢？通过案例文章，我们可以从选题特点、语言风格、结构逻辑三个维度得到启示。

首先，正如文章开头所说，ChatGPT 确实红得发紫。而且，ChatGPT 本身的问答使用是普通用户非常易于接触和理解的，并由此引发了人工智能是否会取代诸多职业的社会热议，无论有没有 ChatGPT 使用体验的读者都可能关注其发展前景。这种与读者生活、社会发展等人文话题息息相关的科学技术，具有人文亲和性上的独特优势，适合作为硬核科普文的选题。其次，文章用到了"大佬""跟班小弟""比较靓的仔""变形金刚"等词语介绍二者关系，降低了读者对后文出现的"技术谱系"等术语的理解难度，尽量做到通俗有趣，轻松易懂。最后，文章以小标题引领结构，逻辑清晰。文章第一部分通过拆解 ChatGPT 中 GPT 的含义，说明 ChatGPT 与 Transformer 之间紧密的联系。第二部分介绍 Transformer 的定义。第三、第四部分分别介绍 Transformer 在自然语言处理 NLP 领域、计算机视觉（CV）领域发挥的影响力。第五部分通过例子和假设，对 Transformer 做架构拆解。第六部分预测 Transformer 这样的通用深度学习模型在 AI 领域的发展前景。结尾则落在了背后研发者—— 一个个真实的团队和姓名之上，进一步拉近了读者与技术研发之间的关系。

范例【文章】："00后"看不到的真相：幸存者偏差

网址/二维码：量子学派

来源：量子学派

时间：2022年1月

【原文节选】

现实世界中，事件2中的"00后"占了绝大多数，他们眼中，可能会觉得刘学州这样的事情不可思议，甚至怀疑这件事本身的真实性，所以网暴就产生了。

为什么会出现这样的情况？

刘学州事件让人压抑，我们在这里不详细讨论。

这次我们要讨论的是："00后"大学生会出现这样的认知？

……

换句话说，"00后"这代人是在极其优渥的环境中成长起来的。

他们放眼所见的世界，中国的身影都非常活跃。

这当然没错，不过，这些是浮于水面上的东西。

很多时候，"00后"是以一种"幸存者偏差"的视角在理解世界。

中国真的是每个角落都岁月静好？真的到了居高临下看世界的程度？刘学州事件历历在目，你能看一下跟你一样年龄的"00后"吗？

"00后"看不到的真相：幸存者偏差

所以，我们看到的真相不一定全是真相。

只有看到的和了解的更多，我们才能让社会前行。

处在"幸存者偏差"的"00后"逻辑中，因为客观环境原因，他们无法看到那些"沉默的数据"。

刘学州是其中的一个例子，但是很快就会被遗忘。

那么，对于"00后"而言，有哪些"幸存者偏差"的陷阱？

【案例解析】

或许很多人都知道刘学州的遭遇并为之痛惜，但当我们在感叹"人类的悲喜并不相通"时，有人在思考如何用科学理论来解释这些匪夷所思又无可奈何的现象。解释普遍社会现象背后的科学理论，或者为艰涩的科学理论寻找到浅显易懂的事例，有利于拉近读者的心理距离，降低理解难度。案例文章就运用了这种创作思路，虽为一篇项目推广文案，但其选题和语言依然有可圈可点之处。

文章第一部分用刘学州的遭遇与清华大学教授对"00后"的画像作对比，提出大多数"00后"的普遍认知和群体两极化的现象。第二部分提出"幸存者偏差"理论。第三部分解释"幸存者偏差"理论的内涵以及其中的逻辑谬误。第四部分列举历史上比较著名的和读者生活中常见的"幸存者偏差"的案例并分析。第五部分利用"幸存者偏差"分析文案开头提出的"00后"世界两极化现象。重点分析为什么不幸者的经历成了"沉默的数据"——现实生活幸福、大部分地区经济发达，社交媒体营造的美好氛围。第六部分话锋转到呼吁让不幸者也能成为"幸存者"，进而过渡到项目推广，其后内容不做赘述。文章整体逻辑清晰，提出现象—引入要科普的理论—解释理论—运用理论分析现象、解决问题，由浅入深，语言直白且富有情感，案例丰富，这些都值得借鉴。

范例【文章】：一文读懂《三体》：到底讲了啥？有哪些"黑科技"？

来源：科普中国

时间：2023年2月

网址/二维码：https://mp.weixin.qq.com/s/ssjzW3-aoeu4HlV7qdK0rA

【原文节选】

……

"古筝行动"现实里能成功吗？

在《三体》故事中，为了抓捕地球上支持三体文明的组织，人们将一种极为锋利的超强度纳米材料细线拦在轮船必经的运河上。

像古筝的琴弦一般排列，等组织成员乘船经过，"琴弦"就会将这艘船切成碎片。

"琴弦"应用的技术是"纳米飞刃"，来自《三体》主人公之一汪淼的研究，是一种纳米级材料。

纳米是一种长度的度量单位，1纳米等于10的负9次方米，相当于一根头发丝直径的6万分之一左右，而纳米材料是纳米级结构材料的简称，这种材料的结构单元尺寸介于1—100

纳米之间。

这个尺度已经微观到了原子、分子级别，许多物质在这种级别上都会呈现出与宏观状态时十分不同的性质，这与组成物质的原子的排列结构有关。

宏观状态时，某些物质的原子排列很不规则，但如果在纳米尺度下将原子按照某些规律整齐排列，就能产生一些特殊的性质。如磁性增大、韧性变强、导电性能更好等等。

那么，现实中有类似于"纳米飞刀"的材料吗？

根据小说设定，这种材料需要至少满足几个特性：直径极细，强度和韧性极大。其实，现在还真有一种纳米材料符合这几点，它就是碳纳米管。由于特殊的结构，它虽然十分纤细，却拥有极高的强度和韧性，是时下热门的"未来纤维"。不过，真想靠碳纳米管去切割轮船，还得解决许多科学难题，想得到真正的"纳米飞刀"，尚需继续探索。

……

【案例解析】

案例文章是一篇轻科普文章，通过引人入胜的小说情节解说科学知识，科普内容难度小，对普通读者非常友好，可读性强。我们从选题特点、语言风格、结构逻辑三方面分析该文。

从选题上看，文章发表时间正值《三体》动画与电视剧相继播出并引发热议之际，无论依托于原著小说的动画、影视改编的风评如何，都无疑能为文章选题引来一定的关注。从语言风格上看，案例文章大量使用问句，从小标题到行文中，不断通过提出问题，激发读者好奇心，随后再做解答，层层推进行文。从结构逻辑上看，文章没有很长的科普逻辑链，只是简单的平行结构，提出五个问题（只有后四个真正与科普相关），逐一解答。文章第一部分按照时间线顺序，高度概括了《三体》三部曲的内容并对结局留下悬念，作用是介绍 IP 并引出下文的科普内容。第二部分到第五部分分别以问句开头，解释了"三体"是什么，"古筝行动"现实里能成功吗？"智子"的通信速度难道能超越光速？这个飞船用到的技术，现在有了吗？每个部分都是先描述一番剧情，继而提出问题，再做简要的原理解释并给出结论。通过案例文章我们应该明白，科普文章的水平和知识含量固然与作者的科学素养有关，但更与平台定位、目标受众和成文目的有关。在构思阶段就应确定好是想把内容做得很硬很厚重，还是很浅很轻盈。思路清晰、目标明确，做好前期准备工作才能够事半功倍。

范例【文章】：28 年后重看《灌篮高手》，才明白青春就是用来失败的

来源：新世相

时间：2018 年 8 月

网址 / 二维码：https://mp.weixin.qq.com/s/84TGcuxP33X5m3 VIZrka3g

【原文节选】

这部动漫在现实里连载了 6 年，但在他们的人生里，其实只有短短四个月。

后来，井上雄彦在一个学校的黑板上画了一段续篇，讲的是全国大赛十日后。

队伍散掉了。

赤木高三，跟目暮一起退部备考。

樱木在疗养院休养，还没追到晴子，背伤也还没好起来。

流川枫入选了日本青年队，依然想去美国，在学英语。

宫城当上新队长，三井继续为冬季赛努力。

他们曾经的劲敌鱼柱，毕业后去当了厨师。

28 年后，你会发现，你的现在，就是《灌篮高手》的结局。

他们接下来的人生很可能跟你一样，年少的梦想过了就过了，

会按部就班地考大学、上班、结婚生子，很少再上球场，在各种事情上被别人吊打，未来很可能会有更多失败。

但他们总会在某个时刻重新提醒你，点燃你——

明天很可能不会更好，最后很可能会失败，还是要不停地向前走。

有个网友说，在东京买东西银座播放这首歌，一群叔叔辈的霓虹人全都跟着唱了起来。

还有个年纪很小的男生，有次偷偷发现他爸在电脑面前看哭了。

一个读者转行做广告，每天改二十几次广告方案。一丧气就幻想自己是第一控球后卫宫城良田，总有一天会"让甲方跪着叫爸爸"。

更年轻的时候，我们喜欢讨论谁输谁赢。

但现在，我们已经接受了梦想很可能会破灭。

想认输的时候，我会打开《灌篮高手》。

22 年前那场比赛结束了，但人生的比赛还没完呢。

……

【案例解析】

如果选择得当，时机巧妙，用动漫、影视作品叠加青春话题，很容易打造出一场眼泪绝杀局。以案例文章为例，作品选择是《灌篮高手》，时机选择是再版的《灌篮高手》公开新版封面，观点是：青春就是用来失败的。

问题来了，《灌篮高手》分明是为梦想奋斗的热血青春故事，为什么作者却把标题落在了"失败"上？其实，这里涉及一个常用的新媒体写作技巧，即在讨论读者耳熟能详的内容时，尽量挖掘出处在读者现有认知盲区的新信息，使读者对原本熟悉的对象产生陌生感，这样处理，文章会更有记忆点，强化阅读收获感。

回过头来分析文章，作者由《灌篮高手》公开新版封面说起，洋洋洒洒地回忆了过去 28 年来，《灌篮高手》如何扎根青春记忆，影响了一代又一代青少年，并如数家珍地介绍了篮球队的主要成员、经典情节和台词。最后，作者在文章结尾处加入了部分读者和观众所不知道的信息，也是当年的动画没交代的真实结局——湘北篮球队没能在全国大赛走得更远，止步 8 强，球员们有的退队，有的负伤，有的仍在坚持，湘北的冠军梦终究以破灭告终。这个陌生信息成为文章最终选择的落脚点：青春与失败。或许，当初对它如醉如痴的少年们也只有在人到中年之后知道这些，才能做到与真实的结局和解吧。

这篇文章在微信前端只能显示"10 万 +"阅读量，但是 2.9 万的点赞数足以说明"10 万 +"背后的真实阅读量可能存在成数倍甚至数十倍的差距。有读者在评论区写道："多少人此刻坐在办公桌前默默地读着自己的青春。"很多读者留言说是流泪看完文章的。作者就像篮球赛场边的解说员，颤抖着手指，用键盘嘶吼出了这篇 3000 多字的青春解说词。一丁点风吹草动就能使之复燃的激情，必定是自青春岁月便烙印下来的。青春去而难返，但文字永远为我们保留着一扇穿越门。

范例【专题】："数说 70 年"数据可视化新闻

来源："经济日报"微信公众号

时间：2019 年 9 月

网址 / 二维码（部分）：

中国外贸"修炼记"https://mp.weixin.qq.com/s/g9eup6yimGw YrqFHWunvMA

中国"大动脉"带你玩"穿越"https://mp.weixin.qq. com/s/ H0cDomIZ7fv5YvOBP1EMlw

如何解决 14 亿人的头等大事？ https://mp.weixin.qq. com/s/ ICbEG8JRfmzwfZiFSPbb8Q

看完这些数，你心中有"数"了吗？

https://mp.weixin.qq.com/s/vZDHZ4dseG19b8dk Ahxhhg

这是我见过的，最强大"美颜滤镜"

https://mp.weixin.qq.com/s/6cJLnZ8E3riJyzoTLA0IYA

【案例展示】

视频《中国生态"点绿成金"》（公众号文章《这是我见过的，最强大"美颜滤镜"》）文案：

中国人正努力参与指尖上的绿色行动，公交出行 80 克能量收取，包裹回收 37 克能量到账，蚂蚁森林让 5 亿人通过点滴减碳行动在三年间种下 1.22 亿棵真树。中国政府通过国土绿化行动保卫生态，让森林覆盖率提高到 22.96%。2000—2017 年，全球新增绿化面积四分之一来自中国，贡献比例居全球首位。除了让地球变绿，中国正建设全球最大碳市场，2013 年七地开始陆续运行（画面：湖北、重庆、北京、天津、广州、上海、深圳）。2017 年宣布全国启动，截至 2019 年 5 月底，全国碳市场试点配额累计成交 3.1 亿吨二氧化碳，累计成交额约 68 亿元。"华北绿肺"塞罕坝资源总价值达到 200 多亿元，每天提供超过 142 亿元的生态服务价值。

（习近平总书记原声视频）"我们要像保护自己的眼睛一样保护生态环境，像对待生命一样对待生态环境。同筑生态环境之基，同走绿色发展之路。"

中国"点绿成金"，以全球生态文明新视野，让绿色发展理念深入人心。

【案例解析】

祖国的发展、民族的富强、生活的改善，人人都能说出一些，但科学、严谨的数据却未必是大家耳熟能详的。把数据作为全新的"知识点"呈现给受众，未尝不是新知。

"数说 70 年"是数据新闻可视化系列短视频产品，策划定位为数据新闻展示发展成就。作品以数据为依据，选择消费、饮食、大国工程、数字经济、生态、外贸六个国家发展关键领域，收集大量精确可信的数据，使用 MG 动画做生动展示，数据信息与画面紧密结合，充分反映了人民生活在 70 年历程中不断改善并提升，全面展现出新中国成立 70 年发展的辉煌成果。

脚本文案的创作重点是数据的收集与核实。文案信息来源权威，讲解客观全面，审核把关谨慎细致，体现了传统媒体高度的新闻专业性和社会责任感。在 MG 动画制作方面，每一条小动画作品有其主打颜色，UI 设计生动形象，画面简洁，重点突出，特效流畅。通过视觉元素和画面语言的运用，将枯燥、抽象的数字信息形象化，生动化，既保证了脚本的信息含量，又通过动画技术增强了作品的可读性和趣味性。

在社会影响方面，该系列注重强化选题策划、优化切入视角、精炼文本语言、细化设计方案、丰富产品配套，不仅在经济日报社新媒体矩阵取得了良好的传播效果，还被各大门户网站、新媒体平台等转载，形成了全网传播力、影响力。初步统计，系列产品在经济日报微信平台的阅读量均达到 10 万＋，全网传播覆盖面约上亿人次。该案例荣获了第三十届中国新闻奖一等奖。

范例【短视频】：一杯咖啡里的脱贫故事

来源："中国好故事"数据库和"复兴路上工作室"联合出品

时间：2020 年 11 月 27 日

网址：https://www.bilibili.com/video/BV18y4y1675M/?buvid
=XU87E0E8ECC0622817DCA37E2A7EE3E62FF02&is_story_h5
=false&mid=grNXtxE9PfnFgTiwET6gtw==&p=1&plat_id=116&share_
from=ugc&share_medium=android&share_plat=android&share_
session_id=0736e196-dc3e-41f3-9de8-bbd8f2237eb6&share_source
=WEIXIN&share_tag=s_i&timestamp=1677557775&unique_k
=X8QTaV9 &up_id=614507066

【案例简介】

在全国 832 个贫困县脱贫摘帽的背景下，决战脱贫攻坚取得
全面胜利之际，2020 年 11 月 27 日，由"中国好故事"数据库
与"复兴路上工作室"联合推出中英双语动画短视频《一杯咖啡
里的脱贫故事》(英文片名 *Coffee Matters*)。该作品时长为 3 分
34 秒，用中西合璧的动画，生动形象地讲述了一百年前，一粒咖
啡豆远渡重洋来到中国后，在茶叶之乡中国落地，并打开海外市
场、助力云南咖农脱贫的故事。

该视频通过海外社交平台首发，发布后立即引发境内外媒体

和网民的关注与热议，还得到中国外交部发言人华春莹、中国驻美大使馆等账号的转发。短短几天，国内外主流媒体视频播放量迅速破亿，微博话题＃咖啡里的脱贫故事＃阅读量超过 1 亿，成为现象级的网络作品，增加了网友对中国咖啡产地以及对中国脱贫攻坚经验与成绩的兴趣与认可。

【案例解析】

用小切口展现大话题

脱贫攻坚是一个宏大的时代主题，该作品巧妙地选择咖啡这一切口，用三分多钟的短视频来展现这一宏大话题。创作团队借助大数据、云计算等技术进行数据分析，筛选出咖啡这一海内外受众都很关注，又与中国脱贫攻坚事业息息相关的角度。最终聚焦全球阿拉比卡咖啡豆十大种植基地之一的云南省普洱市，展现该地通过咖啡帮助当地咖农脱贫致富的故事。

选择了云南与咖啡这一小切口后，作品进而用平实的语言与数字对比，让用户更能轻松感知到咖啡与脱贫的联系。比如，智能配套的自助咖啡机确保每杯咖啡收入的五分之一直接打入云南咖农账户，再比如，每销售 1600 杯至 3300 杯咖啡，就能帮助一名咖农脱贫……用容易感知的内容，赢得用户的认可与理解。

打破壁垒与偏见，走进海外用户的心里

该视频的主要目的为对外宣传，怎样打破我们与海外用户的壁垒，走进用户的心里是作品成功的关键。

首先，咖啡是全世界都很熟悉的话题，从咖啡这一共同语言切入，避开了东西方文化的差异与壁垒。其次，故事的展开，也是将咖啡豆从国外传入中国落地生根，再到云南咖啡走向世界的过程进行展示，能够引发用户的关注与好奇。

在视频制作上，该作品采用多种创新做法，通过设计分屏，将中国传统水墨淡彩与西方后印象派画风同步展现，进行了东方与西方的场景对照，使两个半球的故事同屏互动，更能展现东西方文化的和谐共生，从场景上拉近与海外用户的距离。在语言表达上，为了让用户更理解 2020 年普洱市就有约 60 万人脱贫的概念，对比了这一数字——相当于卢森堡全国的人口总数。在传播上，制作了多语种的版本推送，更快地抵达海外的受众。

制作优良、有质感，符合年轻人审美

在互联网传播上如果想脱颖而出，精良的制作是优质作品的基本保证。该视频制作精良，很有质感。视频中一侧用了凡·高变体的画风，另一侧用了中国水墨淡彩画风，还有颇具少数民族特色的梯田、篝火、云南咖农等形象都很有设计感。同时，无论是分镜头，还是手绘图、动画成片都很精致，如此精良的制作、东西方融合的特色，还有符合年轻人审美的制作，是该作品获得关注与传播的保证，给用户带来很好的视听体验。

范例【视频】：我拍了一张 600 万人的合影

来源：bilibili 账号"老师好我叫何同学"

时间：2020 年 8 月 2 日

网址：https://www.bilibili.com/video/BV1Nt4y1D7pW/

【案例简介】

2020 年 8 月，B 站 up 主"老师好我叫何同学"发布了一条名为《我拍了一张 600 万人的合影》的视频，近 8 分钟的短片收获了 193 万个点赞，截稿前播放量达 1630 万次，拥有 13.9 万条弹幕留言，短片中的 600 万粉丝也在评论区纷纷打卡。

视频中何同学讲述了他为答谢粉丝总数突破 600 万而举办的粉丝福利活动，详细介绍了自己把 600 万粉丝 ID 名字全部打印出来与自己合影的过程。从一开始打算把所有粉丝的头像、ID、简介都打印出来合影，到后来经过复杂的计算，何同学最终决定将粉丝的 ID 打印在 A3 纸上。一张 A3 纸可以承载 2 万个 ID，一共打印了 300 多张纸贴满了自己的房间三面墙，最终运用 4 亿像素的相机拍摄了一张 360 度的全景照片。他经过这一系列不断地尝试和探索，最终完美实现了这张 600 万人的合影。

在拍摄合影的过程中，他一边回顾从第一次在公网发布视频到现在拥有 600 万名粉丝的历程，陆续获得了许多粉丝的关注与支持，一边展现自己独特的视角与创意，从青涩到熟练，从简单到高能，最终他用一种理科生极致的浪漫，在黑底金字的星空背景下，完成了自己与600万粉丝的合影。

【案例解析】

科技也有情节跌宕，故事在于讲述自身

纵观拍摄合影这件事本身，简而言之就是运用相机拍摄ID名单最后合成一张合影照片，其中的可看性有限，如果是平铺直叙式地推进，估计最后效果会大打折扣。而这条视频自身极具故事性和情节性，何同学先是引入、借用4亿像素的相机作为开头，随后解释其原因是为了准备答谢粉丝的活动，然后讲述他在拍摄过程中的尝试、转折与最后敲定到最终实现，其间不乏幽默的桥段与过往情节的回溯，还有个人感悟式的感慨与细腻，与纯科技类的视频短片相比更具趣味性和抒情性。

创意与科技辉映，理科生独特的浪漫

作为一名在校大学生，同时也是专门做科技测评类的数码博主，何同学用一个又一个的精彩创意不断出圈、破圈，不仅吸引了许多数码科技圈朋友的关注，更获得了大批青年粉丝的支持与追捧，纷纷称赞其为宝藏男孩。他将自身创意与科技完美融合，创造出自己的独特风格，不论是各种创意自身的科技属性，还是严谨而又幽默的文案讲述，何同学展现出他高效的执行力、清晰锐利的策划能力以及扎实的文案功底。将科技秀出浪漫，将情怀灌入立体，让我们一次又一次见识到理科生的浪漫。

感恩与成长相伴，盈满热忱与创意

通常而言，各类视频的更新速度与其质量成反比，在快节奏的网络世界里，何同学的每一个视频和作品，都能看出他的认

真、扎实与努力，每一次创意都在不停地尝试与试错，短短七八分钟的视频后面，是不知多少日夜的计算与行动。何同学这条拍摄 600 万人合影的短片能拥有如此多的点赞与播放量，不仅仅是因为他能将创意用科技的手段完美呈现出来，更多的是广大网友为他的质朴与真诚所感动。与其他粉丝过万的福利活动相比，或许这次合影的拍摄没有那么直接的物质获取，但是对于陪伴何同学一路走来的粉丝而言，能够被他以这种方式记住并"参与"其中，是一种真切的感动和温暖，而弹幕和评论打卡的互动形式，又突破了媒体传播的单向性，视频短片、弹幕、评论三者共同构成了一幅完整、有温度的作品。

范例【H5】：一分钟漫游港珠澳大桥

来源：网易

时间：2018 年 10 月

网址 / 二维码：

【案例展示】

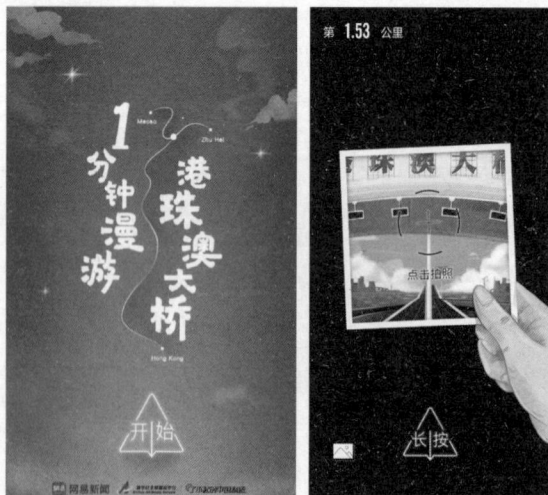

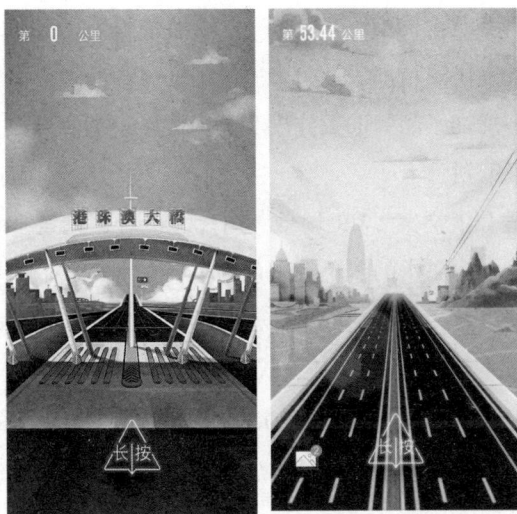

开篇：一分钟穿越伶仃洋去香港，体验一下？

上车！

沿途讲解节选：

中国结造型，全桥最高点，寓意三地同心。

人工岛就是用来连接桥梁和隧道的。

误差不能超过 7 厘米，最深海底 46 米，这是对人类工程能力的挑战。

【案例解析】

2018 年 10 月 24 日，全长 55 公里的港珠澳大桥正式通车，引来各路媒体关注和报道。同一天，案例 H5《一分钟漫游港珠澳大桥》上线，案例属于新闻游戏类作品，采用一镜到底，长按交互的形式。该案例策划有突出的时效性，借助重大新闻事件推出，同时兼具知识性和趣味性，上线短短 24 小时内流量破千万，同时带动了站点访问量的巨大提升。

　　这一借势营销的 H5 策划，一方面借中国基建水平的展示唤起了用户的爱国热情和民族自豪感，另一方面品牌也借新闻热度营销造势，增加了品牌的关注度和美誉度，一举两得，是不折不扣的现象级策划。

　　案例融合了文案、VR 场景、图片、声音等元素，画面大部分区域以天空和海水的蓝色系配色为主，左上角显示用户已行进的里程数，以及一些沿途标志性建筑的简介文案，手绘漫画、动画效果与实景图片相辅相成，天空、海洋、路面、人工岛、隧道、海底等景观画面绘制精美，提升了作品的整体审美和质感。

　　在交互方面，作品采用第一视角，用长按屏幕即可模拟车子行进在港珠澳大桥上，欣赏大桥沿途风光，行程沿途均匀分布了八段对应的标志性景观与建筑，用户可以在行进途中随时抬手停车，拍照留念。在正常操作的情况下，用户完成游戏的时长约为 1 分钟。最后，用户沿途拍摄过的照片会保存成明信片，分享给好友，形成传播的裂变效应。

范例【短视频】：中国消费的"速度与激情"

来源："经济日报"微信公众号

时间：2019 年 9 月 23 日

网址：https://mp.weixin.qq.com/s/QC9AeoHBofwxgYkf4m EgTw

【案例简介】

经济日报推出的"数说 70 年"数据新闻可视化系列短视频获得第三十届中国新闻奖一等奖的融合新闻奖。该系列涉及消费、饮食、数字经济、生态等多方面，展现 70 年历程中人民的生活、国家经济的发展不断改善与提升的过程。

这篇作品于 2019 年 9 月 23 日在"经济日报"微信公众号推出，作为"数说 70 年"系列中的一篇。该作品利用精选的数据作为支撑，用动画、旁白音讲述、图文结合的方式制作出来的短视频直观地展现消费领域的改变与发展过程。短视频时长为 2 分 5 秒。该篇作品不仅在经济日报社的各个媒体平台进行传播，还获得多家媒体网站转载，在全网呈现了很强的影响力与传播力。在"经济日报"微信公众号这一个平台上就获得了"10 万＋"的阅读数据，全网传播覆盖面更广。

该作品将数据与图像结合，在融媒体表现形式上很有创新。

活泼、欢乐的表达方式也深受用户喜欢，通过直观的数据变化展现 70 年发展历程。

【案例解析】

创新数据新闻展现形式，由静态转变为动态

以往的数据新闻都是简单的图表静态呈现，比较传统。该作品并没有堆砌数据表格或是柱状图等直接图表形式，而是结合动画、旁白、背景音乐、关键事件等多种形式来呈现中国消费的"速度与激情"。展现形式更加丰富，简单有趣的图画与数据相辅相成，使得信息以更直观的方式展现给用户，用户更能感知到全局的信息与情况。这样的展现形式，让冰冷的数字不再单调枯燥，开始有了生机与活力，也更容易吸引用户的注意，打动用户的内心，更是对于时事报道很好的创新与探索。

优化新闻视角，选取与用户相关的信息

怎样让用户切实感知到中国消费的"速度与激情"？怎样更好地从宏观和微观角度去展现中国消费的发展？该作品在数据呈现上，选择了与用户息息相关以及用户特别感兴趣的角度，比如，一分钟电商平台卖出 28 万只小龙虾、一小时快递公司处理 600 万个快递、一天老百姓花 1000 亿元用于购物和餐饮等数据的呈现，以及电影票房同比增长数据、旅游人数十倍增长的对比等，用贴近用户生活、用户更易理解的角度，直观地向用户展现发展与变化，让用户了解到消费是经济增长的第一驱动力。

优化视觉语言展现，更加关注用户体验

该可视化新闻作品，以简短的视频、轻松的风格，以及图、文、动画相成的形式来进行新闻叙事，既符合互联网的传播规

律，同时也给受众一种全新的体验，更具新鲜感。在数据的变化上，用不同的形状和变化方式直观表达数据，还用不同的色系以及色调，来吸引用户对关键信息、关键数据的关注，给用户更好的视觉感受与阅读体验。

"独家视角式" 文案

新媒体时代，每天追逐热点，公开表达的声音数不胜数，对传播效果的追求从某种角度上说，也是对受众注意力的争夺。做到内容的差异性输出，作品鲜明、鲜活、有个性，才能在争夺战中胜出。应该通过提升专业性、展现独家视角的方式做到观点鲜明、立场突出，提升创作内容的辨识度。通过本主题的案例分析，主要为大家呈现专业视角、历史视角、人性视角三种常用的创作视角。

范例【文章】：东北人去的不是澡堂，请叫它凡尔赛宫

来源：浪潮工作室

时间：2021 年 1 月

网址 / 二维码：https://mp.weixin.qq.com/s/Jz9FK5YgHu-tb Ubrg_oZAQ

【原文节选】

东北澡堂，重新定义豪华

东北人对洗澡有多重视，看看他们的澡堂就明白了。

走在沈阳街道上不看招牌的话，你肯定想象不到眼前豪华气派的地标性建筑会是一家澡堂。

美团点评的一份行业报告显示，在中国占地面积超过 5000 平方米的洗浴中心仅有 10%。

但打开这款橙色软件，你会发现东北几个大城市排名靠前的洗浴中心，至少有一半都达到上述标准，最大的面积超过 10 万平方米，相当于 14 个足球场。

走进其中一家，巨大的水晶灯吊顶，欧式的大理石装潢，后现代的装饰艺术，恍惚间你还以为来到某个五星级酒店，直到耳边响起一句吆喝——"手牌拿好里面请，女宾两位"，才一秒回

到现实。

论装修，东北澡堂的老板从不让人失望。

富丽堂皇不是唯一的审美标准，中式浮雕、苏杭园林、日式木屋、韩式宫廷、现代极简，还有摩洛哥风、圣托里尼风统统被纳入设计版图，随便哪一种都足够颠覆东北在你心中的土味形象。

……

不止如此，在东北澡堂里，洗浴也变成一种享受。

开启一趟东北洗浴之旅之前，你最好忘掉平时洗澡的步骤，因为按当地人的仪式感，洗澡必须包含冲、泡、蒸、搓这四步才算完整。

冲洗的地方可能是公共浴室，但是不用担心，没人会在意身边出现的另一具白花花的肉体。有些店也会做隔断，给你足够的私人空间享受洗澡的前戏。

……

【案例解析】

案例文章介绍了东北地区的豪华公共澡堂和独特的洗浴娱乐文化，是以地域维度确立选题的典型代表，也是一篇话题和语言轻松娱乐，但论述完整，有纵深、有情感、有态度的文章。

第一部分从洗浴体验者的角度，带读者了解了东北澡堂的外观装潢、洗浴流程、饮食娱乐服务。勾勒东北澡堂的特色，构建异地读者的基本认知，唤起东北读者的共鸣。第二部分梳理东北公共澡堂的历史来源、发展历程。文章分析，是天寒地冻的气候和20世纪90年代前后的家庭居住条件促成了公共澡堂的存在；国企改革之风为澡堂提供了丰富的从业劳动力；近年来的经济腾飞促进了外来投资、行业发展、服务优化和消费升级，使得东北澡堂演变成当下的样态。如果说在第一部分中，文章还带着点儿调侃，把洗澡当成一种东北特有的消费体验，那么第二部分中，文章引资料、摆数据，非常用心地梳理出澡堂的发展脉络。最后一部分，作者将洗澡上升为搓澡文化、洗浴文化，搬回到东北大地上，一番澡堂里消费者和搓澡师傅的对话把东北人的厚道、幽默、爱唠嗑的特点刻画得生动形象。被糅进东北文化深处的搓澡，也成为唤醒异乡东北人的文化记忆与乡愁牵挂的符号，文章的结尾带上了桑拿房一样暖烘烘的温度。可见，地域特色的选题虽很常见，但要写到打动人心，也需智慧和功底。

范例【文章】：卡塔尔世界杯并非只有足球

来源：浙江宣传

时间：2022 年 12 月

网址 / 二维码：https://mp.weixin.qq.com/s/GAtv7OHB8Ii880vlghkVRw

【原文节选】

卡塔尔究竟靠什么，让自己借世界杯之机火速"出圈"？这对于正积极向世界展现"诗画江南、活力浙江"省域品牌，且即将迎来亚运会的浙江，有怎样的启发？

……

中国之大，每座城市都有着和而不同的特色与优势，需要抓住机会、积极展现。

今年，浙江提出打响"诗画江南、活力浙江"省域品牌，明年即将举办杭州亚运会。如何借好亚运会的"东风"，把亚运故事、浙江故事、中国故事讲得更生动？

笔者认为，在以下几个方面还能再发发力。

用智慧亚运的理念讲好浙江科技创新故事。杭州亚运会主场馆"大莲花"里黑科技满满，亚运会还未开，这些"赛前红利"已然"用之于民"。如何把握科技创新与城市历史、百姓生活、数字人文、未来发展等关系，树立"体育助推可持续发展"的城市新典范，还值得思索。

若要提升亚运标识破圈的能力，还应搭上新媒体"顺风车"。2021年，一首为杭州亚运会创作的泰文歌曲 *Let's Celebrate* 引起海内外热烈反响，"亚运夺宝"数字藏品作为亚运会史上首次发行的数字特许商品在线上"秒空"。可见，话题足、受众广、共情深的网络迷因特质，还值得我们继续挖掘。

体育本身具有跨语言、跨地域、跨文化等特点，其中"和谐""合作""平等"等精神成为人类共同价值。所谓"万物皆媒"，比赛之外，有许多细节都可以是展示城市形象和共同价值的好机会。

【案例解析】

案例文章来自党政新媒体账号。党政新媒体按照地域、职能、定位等因素，形成独特的运营策略、选题视域、立意高度、话语体系，因此新媒体文案也有特别的风格韵味，值得深入研究学习。

2023年，亚运会即将在浙江举办，案例文章以卡塔尔借世界杯之势火速扬名世界的经验为借鉴，探讨浙江省应如何借好亚运会的"东风"，把亚运故事、浙江故事、中国故事讲得更生动。要借鉴经验，先要说明卡塔尔哪里做得好。作者以卡塔尔世界杯的吉祥物设计、主题曲创作作为例子，高度评价了卡塔尔世界杯体现出的本土与世界多元文化的融合。又以"大金碗"卢赛尔体育场建筑，以及绿色能源转型为例，提出举办世界杯不是卡塔尔简单"炫富"，而是在投资未来。作者将卡塔尔的成功归结为精准定位、形象塑造、传播创新三个主要原因。最后提出用智慧亚运的理念讲好浙江科技创新故事，搭上新媒体"顺风车"创新宣传，搭乘"和谐""合作""平等"等精神展现城市形象。文章不仅仅从娱乐休闲和竞技体育的视角欣赏足球比赛，同时站在城市发展、中国文化传播的角度思考卡塔尔世界杯的现实价值，展现了党政新媒体的深度与高度。

范例【文章】：嘲讽"小镇做题家"是一个危险信号

来源：浙江宣传

时间：2022 年 7 月

网址 / 二维码：https://mp.weixin.qq.com/s/NgNsy9PoKX9iAbv DmKSJAQ

【原文节选】

最近，因为顶流明星考编事件，以及一些媒体的"神助攻"，"小镇做题家"这个词也被引爆网络。

明星考编是否合规暂且不谈，单就"小镇做题家"这个词背后所涉及的教育公平、阶层流动、就业难等问题，就很值得人们深思。

……

一开始，"小镇做题家"只是个别网友用来自嘲的称呼。

但不知从什么时候开始，这个词就异化成了很多人对寒门弟子的挖苦和嘲讽，说他们只会考试做题，思维僵化，不懂变通，情商低，疯狂加班导致内卷，十分不体面，等等。

同时，也有不少网友为"小镇做题家"打抱不平，"人家没偷没抢，没干违法犯罪伤天害理的事，也没吃你家大米，怎么就要嘲讽人家呢？""我们大多数人，都是'小镇做题家'，又怎么了？"

笔者以为，"小镇做题家"确实不应被嘲讽。

古今中外，每个人出生后所处的环境、拥有的资源是不一样的，人生路上的竞争是客观存在的，求学和生活从来都不是轻轻松松的，个人不能因为困难而放弃。

出生于"小镇"没有什么不光彩，中国有无数个"小镇"；通过"做题"来追求梦想、实现自我也没什么不好，"做题"是学习文化知识、检验学习成果的重要手段。

不管怎样，没有一种为追求更好人生而付出的努力可以被轻视。即使来自"小镇"，通过不断努力，人生的舞台依然可以很大。

所以说，从本质上看，"小镇做题家"这五个字其实有污名化之嫌，暴露了一些人的傲慢和偏见。

【案例解析】

"小镇做题家"话题由明星考编发酵成舆论热点，整个事件经历了从明星个人正面信息发布到招致小声量质疑，再到大面积负面舆论爆发，可以说，这一语带讽刺的标签是过程中的关键转折点。当事人的知名度和粉丝量，再加上考编、规则、阶层、教育等敏感话题，引发了广泛关注，话题价值和深度广度远远超越了"饭圈"范畴。虽然讨论的空间很大，延伸方向多，但终究不能漫天行文，所以构思思路还是要回归到平台定位、舆论情绪、目标读者等方面。案例文章来自浙江宣传，我们在《卡塔尔世界杯并非只有足球》赏析部分提到过党政新媒体的运营策略、选题视域、立意高度、话语体系，在"小镇做题家"话题下，我们依然关注这些要素。

文章开门见山地表示脱离"明星考编"合规性的讨论，直指"小镇做题家"背后的教育公平、阶层流动、就业难等问题。文章第一部分聚焦"小镇"，探讨寒门学子如何通过考学追逐梦想，改变命运，实现阶层跃迁。态度明确，为寒门学子正名。第二部分聚焦"做题"，探讨与之关联的高考制度，强调该制度体系对教育公平、机会公平的保障作用，为高考正名。第三部分指出"小镇做题家"代表着强者的奋斗精神，为不屈服于命运、努力奋斗的精神正名。第四部分探讨与"考编"关联的就业难问题，浅谈了职业平等观念，并顺势跳出"小镇做题家"，综合上述四部分中心意思，落脚点在于奋斗、努力改变生活，这个观念贯穿文章始终，最后为读者指出一个光明、积极的方向。

范例【文章】：黄渤怎么不好笑了

来源：Sir 电影

时间：2023 年 2 月

网址 / 二维码：https://mp.weixin.qq.com/s/6JzQY2uE-woEfj
Dy-yUzjg

【原文节选】

娱乐圈失踪案之——

黄渤去哪了？

昔日顶流，始终刷不到观众的存在感。

新剧《打开生活的正确方式》豆瓣 4.5 分。

贡献出又一个东八区式 YY 男主。

贤惠老婆伺候，美艳前女友惦记，年轻实习生投怀送抱……

男人四十，难啊！

收视率也是跌到路都不见。

当然黄渤不会"失踪"。

翻开作品表，你仍然能看到许多眼熟的电影名。

但就是第一时间反应不过来——

黄渤在里面演了啥？

或者……他真的演过这部片吗？

时间倒推回 2014 年，黄渤搭档星爷，《西游降魔篇》拿下票房冠军，新一代喜剧之王冉冉升起。

在那段时期，黄渤的电影还有陈可辛的《亲爱的》，老搭档宁浩的《无人区》和《心花路放》，以及牵手女神林志玲的《第101 次求婚》……

奇幻，喜剧，爱情，全面开花。

有媒体直接问：

你能超越葛优吗？

在当时看来，这样的期待似乎马上就能兑现。

而今天，"下一个葛优"我们还要等待多久。

【案例解析】

人们通常关注热播和经典影视作品，那么，是不是热度很差或者无人问津的作品就没必要碰了呢？当然不是。如果找到足够吸引人的切入点，也可以依托不怎么热的影视剧生产有看点的内容。案例文章就是不错的例子。该文注意到演员黄渤主演的某电视剧播出后收视惨淡、评分偏低，联想到近年来其在影视剧领域的低迷表现，发出疑问：黄渤怎么不好笑了？文章并没有把火力集中在吐槽新剧上，只是作为由头在开篇简单提及，正文主要从黄渤个人事业的转舵、"竞品"演员的崛起、大时代特征等角度严肃地分析原因，寻找答案。

作者开头重提记者早年间曾问黄渤的问题："你能超越葛优吗？"文章第一部分将二人做了对比，他们都演技出色、角色驾驭力强，是喜剧领域的翘楚。黄渤的草根逆袭形象深得人心，观众对其寄予厚望，因此愿意把他和葛优联系在一起，这就是"超越葛优"这个问题的由来。同时，读者也好奇，既然是记者提问，黄渤会作何反应。第二部分就援引了黄渤的回答，并分析了葛优成功的时运和环境。第三部分分析了在同类型演员沈腾强势崛起的同时，黄渤所做的摆脱喜剧的演艺尝试大多反响平平。同时，作者还指出国内中生代男演员的规划和作品高度同质化，越来越不愿为作品的艺术价值而冒险。

范例【H5】：她挣扎 48 小时后死去，无人知晓

来源：网易

时间：2018 年 9 月

网址/二维码：

【案例展示】

"救救我"（人物对话）

两天前……

我叫岚，

我生活的地方曾经平静美好。

然而，意外降临的怪兽毁灭了一切。

我们的家园被侵占，食物也被掠夺一空。

"再不出去找吃的就会饿死。"（人物对话）

可出去也一无所获，我们只好在垃圾堆里翻找食物。

"它们来了，快跑！"（人物对话）

"爸爸！"（人物对话）

"岚，你……你们快走"（人物对话）

我竟成了这片区域最后一个幸存者……

残忍吗？

如果我不是人类，

而是一条蓝鲸，

你还能感受到我的绝望吗？

我们是人类眼中的深海巨兽，

人类又何尝不是我们眼中的嗜血怪兽？

我们常无视人类丢在海中的垃圾，

导致食道堵塞无法进食。

人类过度捕捞，我们的食物减少，长期挨饿。

捕鲸活动让我们一度趋近灭绝。

自 1965 年来，我们始终被列为濒危物种，

目前数量仍不容乐观，

但我们不是唯一一个被人类逼上绝境的物种。

鲸鲨数量在 75 年间减少 63%，它们中的大部分变成了鱼翅、皮包、护肤品和营养补剂。

犀牛因犀角贸易被大肆屠杀取角，除白犀牛外，现存 5 种犀牛均濒临灭绝。

野生扬子鳄只剩 100 余只，存活 2 亿年的顽强生命也无法抵御人类的屠刀。

北极熊受全球变暖、人类捕杀等影响，数量在几十年间骤减。

世界自然保护联盟红色名录显示：1996—2017 年，全国受威胁的动物接近 1.3 万种，除 746 种已灭绝动物外，濒危动物占到 32%，极度濒危动物多达 2783 种，而 34 种"野外灭绝"的动物，距离彻底灭绝仅一步之遥。以上数据还只是冰山一角。

云朵很美，

浪花很美，

星光很美，

我们还未准备好和世界告别。

【案例解析】

这是一个动物保护公益 H5，策划新颖，震撼人心。通过多个物种惨遭人类大肆捕杀，环境破坏，濒临灭绝的事实，激发人类的环保意识。

文案方面，采用倒叙、拟人手法，以小女孩"岚"为第一人称视角，开篇绝望呐喊"救救我"，随后回顾小女孩一家遭遇了嗜血怪兽的袭击。家园被毁坏，父母被杀害，"岚"是唯一的幸存者。随后揭晓谜底，"岚"是一头蓝鲸，反问人类还是否能够感受到"我"的绝望？随后列举了人类的种种导致生物濒危的行为，呼吁人类关爱动物，保护环境。故事里短暂易位而处的体验，震撼人心，发人深省。文案从构思到深刻性，都是优质作品的代表。

在设计上，案例采用长图视差滚动漫画形式，画面不时冲破漫画画框，实现画面与画面的上下衔接，特效精美，转场流畅考究。案例的配色以黑白为主，特别画面加入红色、金黄色等强反差色，展示捕杀过程中的鲜血和烈火，如点睛之笔起到了烘托紧张血腥的场景氛围的作用。整个案例视觉重点突出，冲击力巨大。

在交互设计方面，采取一镜到底的形式，操作简单，画面转接流畅，速度可控，交互体验良好。

范例【直播】：巅峰见证——2020 珠峰高程登顶测量

来源：新华社客户端

时间：2020 年 5 月 27 日

网址：https://xhpfmapi.zhongguowangshi.com/vh512/scene/9126903?channel=weixin&from=groupmessage

【案例简介】

2020 年 5 月 27 日，中国 2020 珠峰高程测量登山队登顶珠峰，在这个备受关注的重要时刻，新华社进行了一场大时段直播，带领用户在网络上直击珠峰登顶测量现场。面对气象条件恶劣、信号难以覆盖等难题，通过周密的直播部署，最终成为全球首家在珠峰峰顶实现 5G+4K+VR 直播的媒体，实现了中国新闻史的突破。新华社特约记者分别在队员通过"中国梯"、最后 40 米冲顶、冲顶成功、竖立标志等重要节点进行实时报道，留下了珍贵的影像资料。成功登顶后，特约记者也通过直播祝福祖国。除了在登顶现场直播，还在多点联动，主持人实时远程采访登顶珠峰的专家、队员等，为大家讲述登顶珠峰背后的故事以及珠峰现场的情况，让大家实时感受到登顶的不易。该直播播出后立刻引起用户的关注，新华社珠峰测量报道相关主题也登上微博热搜，成为微博热点，并在多家头部媒体同步播出，达到刷屏的效果，直播及短视频报道总点击量破亿。该作品获得第三十一届中国新闻奖一等奖。

【案例解析】

重大主题，报道形式创新

在珠峰登顶这一重要主题上，该直播实现了重大主题的新技术应用以及多样态直播的形式创新。新华社采取特殊移动直播的方式，让观众能够跟着镜头体验登顶测量现场，新华社创造性地使用 5G+4K+VR 这一技术进行直播，成为全球首家在珠峰峰顶完成该技术直播的媒体。

分别在珠峰大本营、不同海拔的营地以及珠峰峰顶进行直播，以全息影像立体呈现珠峰登顶之路，VR 全景让用户能够更清楚地看到队员们所处环境的全貌，观看队员在珠峰顶端的科研操作，画面更加生动，让用户看清楚在这个新闻事件过程中，每个人所处的环境，以及每个人正在做的事情，在报道形式上极具创新性，也给观众更好的沉浸式观看体验。

多方联动，生动呈现报道内容

在报道内容上，新华社不仅进行全程的登顶直播，主持人还远程视频连线登顶珠峰的专家、学者、队员，解读登顶现场，同时讲述他们登顶珠峰背后的故事，有因为天气原因导致登顶失败的故事，也有因为重力仪不能倒，背着仪器的人只能站着的故事。丰富的报道内容，更生动地让用户感受到登顶测量的不易，也更能感受到中国登顶队员勇往直前、迎难而上的精神，更易引起用户的共鸣。

全资源打合，发挥全媒体优势

该系列新闻报道充分发挥了新华社全媒体以及传播技术上的优势，在报道预热阶段，新华社西藏分社记者开启超长 300 小时的珠峰慢直播，积累了大量的素材。同时，还依托新华社长期积累的有关珠峰报道的文字、图片、视频等多样化资料优势，以及海内外分社的报道资源，确保登顶报道时效性强、传播效果广，同时兼备深度与厚度。

范例【直播】：一路"象"北！ 云南野生象群到哪了？

来源：央视频 APP

时间：2021 年 6 月

网址：

【案例简介】

2021 年 6 月，原本栖息在云南省西双版纳州的 15 头野生亚洲象从栖息地出发，罕见地一路向北移动数月，它们进村庄找吃的、进城市压马路。一时间，这个"大象旅行团"的新闻刷爆网络，也牵动了无数网友的心，云南野生亚洲象群北移也引发海内外网友关注。央视频迅速响应，全网首发多机位直播《一路"象"北！ 云南野生象群到哪了？》等一系列融媒体产品，持续关注亚洲象北移。央视频充分运用多种新媒体手段，制作大象地图创意 H5，宣传生物多样性内容，并实时关注象群动向、汇集最新报道、持续三个月不间断直播，与网友一同"送大象回家"，以生动活泼的新媒体视角，挖掘野象群北移选题背后的生态价值和传播意义，及时回应海内外网友关切，与全球网友一同快乐"追象"！目前北移象群已返回"老家"，进入传统栖息地。该系列内容在央视频客户端观看量超 500 万，并通过路透社、国际视通、CGTN、中国日报等平台向海外持续发布，用新媒体手段助力传播保护生物多样性，提高全民生态保护意识。

【案例解析】

发挥平台优势 全网首发多渠道直播聚合内容

央视频利用平台优势，及时上线多渠道不间断直播《一路"象"北！云南野生象群到哪了？》，多机位呈现西双版纳野象谷观象台、大象澡堂、最新路线梳理、景洪市预警地图、相关报道轮播等，为用户打造 24 小时不间断持续互动讨论场域；作为全网首家推出的关于此次北移象群的新媒体产品，实时更新象群最新资讯，及时回应社会热点与网友关切，在海内外同步播发，不间断直播在央视频客户端内累计超 500 万人次观看。

突出前方一手内容 回应网友实时关切

央视频与云南野生象群前方指挥部、当地消防救援部门对接，发布"第一手"象群航拍画面、热成像画面等；并第一时间派出前方报道组回传独家采访，实时关注象群动态，及时地回应了全国乃至全球网友对象群的关切。

多形式新媒体产品齐发 全方位呈现象群北移动态

央视频原创开发"大象到哪了"H5 地图，持续跟进大象轨迹最新进展，大象活动轨迹一目了然，直观展示"大象旅行团"北移路线。

上线"给大象旅行团起名啦！"网友互动征名活动，主动设置议题，打造有意义、强互动、高黏度的舆论场，增强报道话题性、趣味性、科普性，央视频互动区网友纷纷为憨态可掬的大象小象们起名。

独家策划推出《"象"往的生活——云南野生象群迁移特别直播》，借助虚拟 AR 技术，总台主持人与大象研究专家一同步入生态圈，畅聊野生动物保护与生物多样性、权威解释象群北移原因、科普亚洲象知识、展现独家视频，画面震撼。

延续央视频"慢直播"特色产品形式，上线西双版纳野象谷3路实时慢直播画面，这里是此次"北迁象群"的老家，网友可通过画面直观了解到亚洲象的生活环境和生活习性。

节目持续向海外媒体传播　展示了生态文明大国形象

央视频《一路"象"北！云南野生象群到哪了？》融媒体产品引发海外媒体关注，通过 CGTN 向海外发布，国际视频通讯社、路透社、荷兰欧华传媒（EUC）优兔账号、澳门日报纷纷转播，央视频主持的话题 # 云南北移野象群火到日本 # 登上头条热榜，全球网友在线"追"象，共话"野生动物保护"与"生物多样性"，一起"送象群回家"。央视频关于象群北移的相关报道，让更多国内外网友于细微处看到了我国在"野生动物保护"与"生物多样性"的努力，向世界呈现了人象和谐生态美的景象，展示了生态文明大国形象。

范例【动画】：寻味房游记

来源：新华网

时间：2021 年 2 月 26 日

网址：https://weibo.com/tv/show/1034:4685776055894083

【案例简介】

《寻味房游记》是由新华网推出的，以袁隆平院士动画版形象为主角的动画片。该片于我国脱贫攻坚取得全面胜利的重要时刻推出。该片采用一镜到底的技术形式，通过袁隆平院士的动画形象在一个家庭进行冒险的旅程，用极具创意又接地气的方式展现数十年来中国日新月异的变化，同时也致敬了影片中袁隆平院士领衔的中国科研工作者。

视频通过"房游"的过程，展现了要做好一顿菜从需要粮票、肉票等换取，到如今供给充足、种类丰富的变化，也让大家看到了杂交水稻专家、蔬菜种植专家等科研工作者的不懈努力。

视频内容温暖，形式有趣，立意很高，技术高级，被很多媒体、大 V 转发。视频时长 4 分 56 秒，是袁隆平等院士首次以动画形象出现在银幕上，俏皮可爱又催人泪下，广大网友纷纷点赞。该作品获得第 18 届中国动漫金龙奖"最佳短片奖"铜奖。在袁隆平院士去世后，网友纷纷表示怀念，该作品又引发了新一轮的传播热度。

【案例解析】

内容与形式创新，提升宏大主题的吸引力

该短片将严肃的主题变得更有吸引力与互动感，符合年轻人的兴趣。在视频主线上，选择以袁隆平院士为主角，用 Q 版的可爱形象在现代家庭的房间里行走来展现变化，袁隆平的人物形象从当初供给不足，需要用各种票证分别换来物品的时刻，到不断行走遇见很多农业科研工作者，走到如今大家可以轻松获得营养丰富、种类多样的食物的过程。从人物的不断行走，以微观的"舌尖味道"的角度展现时代的巨大飞跃。卡通化的院士形象，还有真实温暖的场景实现，让很多用户眼前一亮。视频路线流畅，风格轻松感人，很符合如今新媒体的传播规律，更具有趣味与吸引力。

技术赋能，为内容表达提供有力支撑

融媒时代的发展，离不开技术的有力支撑。该视频将院士群体形象动漫化，视频中的人物角色都采用三维的技术制作，既能保留院士们的真实人物特色，让人一眼就能认出人物，同时还将形象改成二次元萌版形象。

新华媒体创意工场具有国内最大的 MR 智能演播室、多功能交互数控影棚，配备顶级拍摄设备 Milo Motion Control 及全套拍摄录制灯光系统，影视拍摄、节目录制、视频生产都有顶级的技术作为支撑。

在视频制作上，团队使用了目前最先进的高科技摄影系统，甚至完成了 Motion Control 设备改造，用精益求精的态度完成各种角度的精彩内容拍摄，整个片子用超长、超高难度的"一镜到

底"展现。这场视觉盛宴满足了观众的胃口，观感很流畅又自然舒适。

内容与镜头充满质感，立意高远

在这个各种内容和信息超载的时代，人们对内容的质量要求越来越高。该作品无论在内容的细节选择上，还是镜头的精彩呈现上都充满质感，让用户有身临其境的感觉，很戳人心。故事从翻开一本纪念册开始，背景音是："对于粮票、肉票等票证，你感到陌生吗？这些票证，曾经伴随我们的国家，走过一段……"从票被吹走，到Q版的袁隆平院士的房间奇旅，还有书房、衣柜、鱼缸、厨房等场景的变化都很高级，整个画面还有色彩呈现，都很有电影感，所有的镜头设计、细节设计都很用心也很巧妙。剧情贴近用户的生活，也通过一系列的线索保证了故事的宏大立意和厚重感，让用户可以切身体会到时代的飞跃与进步，致敬院士等科研工作者，感人至深。